Joachim Felix Hornung

Satyendra y su gran amor

Un relato de chamanismo
y reencarnación

Satyendra y su gran amor

Un relato de chamanismo
y reencarnación

de Joachim Felix Hornung

Impresión y editorial:
BoD – Books on Demand
info@bod.com.es - www.bod.com.es
Impreso en Alemania – Printed in Germany

ISBN   9788413735214

Satyendra y su gran amor. Un relato de chamanismo y reencarnación

Parte III. El Sanscritor

Las notas a pie de página, 4 apéndices incluso la bibliografía y el descargo de responsabilidad se han añadido posteriormente:

Apéndice 1.   Terminología,

Apéndice 2.   La reencarnación, ¿existe?

Apéndice 3.   Bibliografía introductoria sobre las investigaciones modernas de la reencarnación,

Apéndice 4.   Bibliografía introductoria del chamanismo.

Descargo de responsabilidad

JFH = Joachim Felix Hornung. 8 de septiembre de 2021

joachimhornung(.)gmx(.)de

Satyendra y su gran amor. Un relato de chamanismo y reencarnación

Mi nombre es Satyendra, y quiero contarles mi historia, que es tan sorprendente que algunos no la creerán, pero que sucedió de la forma en que se la estoy contando.

Parte I

01. Mi Abuelo

Mi abuelo había sido capaz de unir a los diferentes pueblos de nuestra tierra cuando fuimos atacados por violentas hordas del norte. Intentaron conquistar y desvalijar nuestra tierra. Al unir nuestras fuerzas, conseguimos rechazar a los atacantes, y mi abuelo lideró nuestro ejército en la batalla decisiva y luchó en primera línea.

Cuando los invasores fueron derrotados y se marcharon, y se restableció la paz, mi abuelo fue aclamado como un héroe, y las distintas tribus que habían luchado juntas decidieron formar un país conjunto y designar a mi abuelo como su Rao, su príncipe.

Ahora bien, mi abuelo no hizo lo que cabía esperar: No se construyó un castillo, no se rodeó de glamur y riqueza, ni de una elaborada corte.

Esto no siempre fue tan fácil, ya que la gente esperaba que mostrara signos externos de su posición superior. Estos incluirían: Una vestimenta adecuada, un trono magnífico, un valioso mobiliario en un magnífico salón donde recibía a la gente, rodeado de sus consejeros, una mansión señorial y un comportamiento digno.

Todo esto estaba completamente lejos de él. Amaba la vida sencilla, comía junto a su familia y los criados la comida sencilla del campo, que consideraba la más sana, y también ayudaba el mismo en la cocina y en el campo. Su finca principesca era más bien una granja, pero todos los edificios estaban bien cuidados y pintados, decorados con flores y rodeados de hermosos jardines. En efecto, era una granja con caballos, burros, vacas, cabras, ovejas, gallinas, perros, gatos y ratones. La agricultura se realizaba en torno a la granja, desde las huertas hasta los campos de cereales.

Mi abuelo solía decir: »El sol, la lluvia y la tierra son nuestra fuente de vida; debemos estar siempre conectados a ellos. «

Cumplió la tarea de príncipe de un gran país con devoción y con amor al pueblo. Recibía visitas de las más diversas y variadas regiones, a veces incluso sin aviso, pero también recorría él mismo el país.

En el país que ahora dirigía, vivía una gran variedad de personas con diferentes lenguas, creencias, fiestas, formas de cultivo, formas de curación, formas de vestir, costumbres y tradiciones. Mi abuelo concedía gran importancia al hecho de que todas estas formas de vida tan diferentes fueran respetadas y practicadas sin trabas, y que nadie impusiera qué comer, qué creer, cómo curar. Los extraños quieren romper nuestro espíritu.

02. Mi familia

Mi padre había heredado la dignidad principesca de mi abuelo. Pero él era y es de una naturaleza completamente diferente.

Conocí a mi abuelo muy poco, porque murió cuando yo tenía solo seis años. Así que la mayor parte de lo que he escrito aquí sobre él proviene de las historias contadas por la familia y fuera de ella.

Que mi padre sucedería a mi abuelo era tan evidente que nadie lo puso en duda, y mi padre también asumió la carga como algo natural. Pero es muy diferente a mi abuelo en muchos aspectos. Por ejemplo, es cualquier cosa menos un general. Es aficionado a las artes, a la música, a la pintura, a las bellas esculturas, al teatro y, sobre todo, a la literatura.

Mi padre tiene una hermosa biblioteca que destaca, porque mucha gente de la zona no sabe leer ni escribir y el habla se limita al ámbito de la lengua materna. Esto suele generar problemas de comunicación, ya que en nuestro país se hablan muchas lenguas diferentes, a veces similares, pero a menudo disímiles. Y para las personas que saben leer y escribir, también hay escrituras bastante diferentes para las distintas lenguas.

Afortunadamente, esto no dificulta la cohesión de los diferentes grupos étnicos, ya que la conmoción y el miedo tras la invasión de las hordas del norte siguen siendo tan profundos que todos se sienten como una gran comunidad defensiva.

Por eso, mi padre refuerza la voluntad y la disposición del pueblo a defender al país allí donde se pueda, aunque él mismo no tenga nada de caudillo. Así, se ocupa de que los jóvenes reciban una buena formación como combatientes, que se produzcan y se distribuyan buenas armas, que los guerreros que hayan participado en la gran batalla gocen de la más alta reputación, y que sus alumnos y sucesores también tengan una buena vida y sean respetados por el pueblo.

¿Cómo deseaba que su hijo fuera educado? Así a los 12 años, cuando ya sabía leer y escribir y dominaba un poco la tabla[1] y el tiro con arco, me envió a un prestigioso monasterio hasta los 18 años. Allí aprendí, de hecho, me vi obligado a aprender, la moderación y el autocontrol de la vida monástica. Eso fue duro para un joven adolescente y orgulloso.

Además, recibí un riguroso y amplio entrenamiento en las artes marciales, que incluía áreas como el armamento y el uso de las armas, el combate cuerpo a cuerpo y unidad a unidad, la equitación, la estrategia y la táctica en las batallas, la lucha con y contra los elefantes.

También me enseñaron sánscrito, que era importante para mi padre porque se entiende y se habla en todo el país, al menos por los educados, los eruditos y, sobre todo, por los sacerdotes y los monjes. (En algunas zonas también se habla como lengua materna.) E incluso a veces nos comunicamos en sánscrito con los países vecinos.

---

[1] Tabla = dos tambores clásicos diferentes, cada uno tocado con una mano.

Mientras que las artes marciales me proporcionaban un gran placer, y mi cuerpo estaba bien entrenado para el combate individual, en cambio tenía dificultades con el sánscrito: Esos sonidos extraños, esas formas tan diferentes de las palabras individuales, la difícil estructura de las frases, la multitud de palabras; todo ello me hacía desear: ¡Ojalá hubiera aprendido sánscrito como lengua materna! También aprendimos a escribir sánscrito con una caligrafía hermosa, que me produjo un gran placer; no puedo decir por qué. El sánscrito se escribe en una escritura llamada Devanagari; en nuestro país hay al menos seis escrituras diferentes, que tienen que compartirse aún con más lenguas. Incluso hoy aprovecho cualquier oportunidad para escuchar sánscrito, en conferencias, representaciones teatrales y festividades religiosas, y cuando no quede en ridículo, practico mi sánscrito. Mi padre lee el sánscrito sin dificultad, pero apenas lo habla, y desea que su hijo lo haga mejor que él.

Por último, en el monasterio también tuve la oportunidad de tocar mi instrumento favorito, la tabla tradicional, lo que me llevo a ejecutar pequeñas actuaciones junto con un intérprete de santur[2] y otro de tambura.[3]

Mi mejor amigo en el monasterio era Ganesh, de la misma edad que yo, y de una familia de origen brahmán. Éramos un solo corazón y una sola alma, aunque muy diferentes como personas. Él era muy diligente, – a diferencia de mí – habla-

---

[2] Santur = instrumento de cuerda de varias cuerdas que se golpean con badajos.
[3] Tambura = instrumento de cuerda de 4 o 5 cuerdas, rico en sobretonos, para el acompañamiento.

ba con fluidez el sánscrito, estudiaba hasta altas horas de la noche, y también era muy buen luchador, por lo que nosotros, él y yo, pudimos representar en alguna ocasión una pequeña muestra del duelo.

Ganesh también fue un amigo muy querido para mí porque no tengo hermanos y mi padre es demasiado cerrado para ser un buen amigo. Cuando ambos dejamos el monasterio, nos resultó difícil separarnos y prometimos volver a reencontrarnos de nuevo.

*****

Volví a casa con 18 años, primero tuve que instalarme y luego me fueron preparando paso a paso para mi nuevo papel como el sucesor de mi padre.

Y fui muy feliz al poder volver a ser el hijo de mi madre, a la que quiero mucho, y ella me quiere y me mima. Mi padre por este motivo estaba un poco celoso, pero no le preocupaba demasiado ya que no es un hombre de familia y debía ocuparse del país y de su gente.

Mi madre procede de una familia de agricultores, creció con la tierra, las plantas y los animales, y por tanto constituye la antítesis de mi padre, que posee una orientación intelectual. Es sorprendente y hermoso ver cómo dos personas tan diferentes pueden convivir con tanto cariño y éxito.

Mi abuelo se alegró mucho de la elección de su hijo cuando se le presentó a mi madre, porque él era muy consciente de que todos vivimos de la tierra.

Mi madre es el alma de la granja, se ocupa de todo y de todos, es la esposa del granjero, la cocinera jefa, la maestra panadera, la administradora, la madre, la esposa, la ministra de finanzas, la anfitriona, la gobernante, el árbitro, la consoladora.

Todo esto la ayudó un poco a superar el hecho de que durante seis años tuvo que prescindir de su hijo, que le dio lo que su marido, mi padre, no pudo darle.

Mi papel en la familia sólo se fue aclarando gradualmente cuando volví de nuevo a casa, y empecé a pensar en devolver el hijo pródigo a mi madre, en hacer lo correcto para todos, en encontrarme a mí mismo y en prepararme a fondo para mi gran tarea. Pero no tuve mucho tiempo para pensar, pues empecé a acompañar a mi padre en sus viajes, a estar presente en sus encuentros con viajeros y gobernantes, que buscaban consejo y a aliviarle de tareas menores.

Todavía no he encontrado la paz.

*****

Me preocupa cómo viven sus vidas mis dos hermanas, que son más jóvenes que yo, al tener pocos encuentros sociales en los que ellas mismas tengan un papel activo. Sí que ven a muchas personas, las que vienen a visitarnos, a menudo desde lejos, esto favorece una visión más amplia del mundo. Sin embargo, estos encuentros se limitan a breves saludos y despedidas agradecidas; por lo demás, mis hermanas ayudan a mi madre a entretener y a alojar a los invitados, cumpliendo más una función de servicio que de protagonismo como hijas del príncipe. Y los príncipes que podrían pedir matri-

15

monio tampoco pasan todos los días. Tendré que pensar sobre eso.

Mi relación con mis dos hermanas es afectuosa dentro de la familia. Sin embargo, su posición en la corte principesca y para mí como futuro regente es aún desconocida.

Por decirlo claramente, tengo la sensación de que mis dos hermanas prefieren esconderse bajo las alas de la madre gallina, y no tienen nada claro qué papel quieren y van a desempeñar en la corte principesca en el futuro. ¿O dejarán el corte? En última instancia, esa será su propia decisión, y deben estar bien preparadas para tener todas las posibilidades.

Pero no me parece que este sea el caso en la actualidad. Como ya he dicho, pensaré sobre ello. Asumiré la responsabilidad no sólo por nuestro país, sino también por mi familia.

03. Dajeela, mi joven esposa

Nos reunimos por primera vez en la noche anterior a la celebración del equinoccio de primavera. Fue amor a primera vista.

Cuando Dajeela[4] me vio, corrió hacia mí, se acurrucó contra mí y sollozó.

---

[4] Los nombres de la India se escriben y pronuncian en inglés en todo el mundo. Pronunciación de Dajeela: j como la J de James, ee = i larga, acento sobre la i larga. Pronunciación de Baloo: oo = u larga, acento sobre la u larga.

Cuando la vi, fue una mezcla de susto, asombro, la experiencia de un milagro, una sensación de infinito.

Al principio no hablamos, luego intercambiamos algunas palabras de cortesía para no destacar demasiado entre los presentes, y finalmente nos despedimos y no volvimos a vernos hasta el día siguiente.

El sueño tranquilo estaba alejado de la realidad. Ya no podía distinguir entre sueño, medio sueño y estar despierto. Mis pensamientos e imaginaciones sólo se movían en torno a ella, en torno a las fuerzas que hicieron que nos encontráramos, en torno a las razones y causas, en torno a la pregunta: ¿Un futuro con ella?

Mi padre había invitado a su padre a una reunión sobre la medición de las tierras alrededor de nuestra granja, ya que se planeaba una nueva división de los prados y campos y, sobre todo, una mejora del suministro y el drenaje del agua. Es una gran tarea para la gente de nuestro país y también para nosotros mismos hacer frente a las diferencias entre la estación seca y la estación de los monzones y así mantener la productividad de la agricultura. El padre de Dajeela vino acompañado en su viaje por su esposa, la madre de Dajeela, y por la propia Dajeela.

Al día siguiente: Como los dos padres estaban ocupados y mi madre estaba ocupada con los preparativos de la noche, las dos mujeres pudieron hablar largo y tendido conmigo. Querían saber más sobre quién y cómo soy, lo que hago y lo que he aprendido, y se lo dije con franqueza.

Dajeela escuchaba atentamente, pero era bastante reservada, así que aprendí más sobre ella a través de su madre que de ella. Dajeela se ha criado con sus padres, que viven en una zona occidental de nuestro país; su padre se dedica a la topografía y a la planificación del paisaje, mientras que su madre administra la casa y mantiene unida a la numerosa familia, además de ocuparse del dinero, con el que su padre no tiene relación ninguna. Además, a la madre le encanta la música, el canto y el baile, ella misma fue bailarina de joven y ha transmitido esta pasión a su hija Dajeela.

A Dajeela le gusta bailar, normalmente con amigas, sobre todo en las fiestas. También toca el santur tradicional y canta en ocasiones como en las celebraciones religiosas. No podía más que admirar esto, ya que yo no tenía ninguna formación musical, salvo un poco tocar la tabla.

La lengua de los padres de Dajeela, y también la suya, es diferente de la nuestra, según su hogar en el Oeste, y se esforzaron por hablar nuestra lengua lo mejor posible; pero siempre queda un colorido que me gustó mucho. Dajeela me sonrió cuando intentó formular una frase algo difícil en nuestro idioma.

A lo largo de todo esto, tuve la oportunidad de observar a Dajeela, pero evitando mirarla fijamente. Pero no fue realmente la apariencia externa lo que me atrajo de ella; fue algo más que no puedo expresar con palabras. No era su cuerpo lo que me atraía como hombre, como sabía que ocurriría por los encuentros con otras chicas jóvenes. No era su ropa ni las joyas que llevaba, tampoco era su hermoso cabello. Y no pude decirle a nadie lo que era.

En este encuentro Dajeela tenía 16 años y yo 23, y justo el cumpleaños de Dajeela era hoy, el día del equinoccio. Podríamos celebrar sus cumpleaños juntos en la fiesta que de todos modos estaba prevista para esta noche. La fiesta también fue la razón por la que mi madre, junto con los ayudantes, estuviera tan ocupada que no pudo estar allí cuando me encontré con las dos mujeres. Extrañamente, mi madre me había excusado de ayudar, y me pregunté: ¿por qué? Sí, seguramente alguien tenía que ocuparse de las visitantes.

Cuando la madre de Dajeela se dirigió por fin a la cocina para ver qué pasaba, quizás para ayudar, nosotros dos tuvimos la oportunidad de estar solos. Y no hablamos, estuvimos en silencio, nos miramos a los ojos durante mucho tiempo y nos abrazamos durante lo que nos pareció una eternidad. Fue una sensación de tal fuerza, de tal intimidad, como no había vivido jamás, y si no hubiera estado en tan buena condición física, me habría desmayado – lo pensé.

Durante un rato nos tomamos de la mano mientras nos dirigíamos a los demás, pero luego nos soltamos antes de llegar y fingimos que no pasaba nada.

Por la noche, en la celebración de las dos ocasiones, pude conocer a Dajeela desde su faceta musical. Se invitó a músicos de la zona, y cuando vieron que Dajeela tenía ganas de bailar, tocaron para ella, y fue una toma y daca entre ellos y Dajeela. Podía observarla con todo el placer sin tener que considerar a nadie en mi admiración.

Los padres de Dajeela y ella misma tenían previsto partir al día siguiente; sin embargo, como todo el mundo vio que ella había encontrado a su príncipe y yo a mi princesa, se encontraron motivos de sobra para quedarse y disfrutar y alabar la hospitalidad de mis padres.

Así surgieron todo tipo de oportunidades para conocernos y conocer algunos de nuestros puntos fuertes y débiles, y para experimentar la certeza de nuestro afecto.

Pero cuando la partida era inminente, encontramos la manera de celebrar nuestro compromiso secreto en un pequeño círculo, porque un compromiso formal del futuro príncipe habría requerido un período de preparación mucho más largo.

También nos dimos cuenta de que la gran distancia que me separaba de la casa de mi Dajeela nos plantearía algunas dificultades, y, no tan claramente expresado, estaba el travieso deseo: Que los dos vean primero si su amor puede soportar la distancia.

A pesar del dolor de la separación, ambos estábamos muy contentos de que nuestros padres parecían aprobar nuestra elección. Sí, sentimos que los ambos padres también estaban de acuerdo en que estábamos destinados a estar juntos.

04. La muerte de Dajeela

Dajeela y yo nos hemos casado; vivimos juntos en la granja de mis padres en una pequeña casa. Dajeela canta y baila y toca el santur en todas las ocasiones, es una esposa cariñosa conmigo, y nos ha dado un pequeño hijo Baloo.

También puede ayudar con sus habilidades lingüísticas cuando tenemos visitas que vienen de lejos o cuando queremos escribir cartas a destinatarios que hablan un idioma completamente diferente. Dajeela habla bastante bien algunos idiomas además de su lengua materna y otros hasta cierto punto, pero también puede inventarse algunas cosas, ya que algunas lenguas de nuestro país están relacionadas entre sí.

Dajeela enseña a bailar a mis dos hermanas pequeñas, junto con un joven vecino tocando; ya sabía tocar un poco de santur y ahora lo está aprendiendo aún mejor bajo la tutela de Dajeela.

*****

Dajeela es el amor de mi vida, mi diosa, mi alegría, mi felicidad. Ella es mi incentivo y ayuda para aprender mis lecciones como futuro gobernante de un gran país. Como mis padres también la aceptaron con cariño como su hija, hace que toda la familia se enriquezca.

El trabajo que me exige seguir los pasos de mi padre y mi abuelo me deja poco tiempo para pensar. Sin embargo, a veces, cuando estoy solo, la tarea a la que me enfrento me parece demasiado grande, y surgen dudas sobre si seré capaz de llevarla a cabo. Sin embargo, mi padre está satisfecho con mi trabajo y yo me esfuerzo al máximo.

A veces me surgen dudas sobre el futuro. Nuestro país ha existido como una sola entidad sólo desde la gran batalla, y yo seré la tercera generación en dirigirlo. ¿Cuánto tiempo durará? La historia enseña que nada es permanente; ni siquiera nuestro país florecerá para siempre como lo hace ahora. Sí, a la larga habrá tremendos trastornos, y ¿qué papel tengo yo, pequeño hombre, en este gran teatro mundial?

Por un lado, se me asigna una tarea importante, de liderazgo, por otro lado, me siento impotente ante la rueda de molino del tiempo.

¿Y qué papel tiene Dajeela en esta obra?

Luego, estos pensamientos preocupantes desaparecen de nuevo, y los asuntos del día a día vuelven a tomar el control. La gente me espera y me visita en busca de orientación, no de dudas.

$$*****$$

Cuando nuestro hijo pequeño Baloo tenía dos años, a Dajeela le mordió una serpiente en el dedo gordo del pie. Se desmayó, mostró calambres y fiebre alta, y parecía horrible. Inmediatamente llamamos a un curandero y a un sacerdote-monje, lo que llevó algún tiempo, ya que vivían a cierta distancia. Ambos llegaron a la casa casi al mismo tiempo y se mostraron muy preocupados.

El curandero había traído un antídoto que había resultado eficaz en muchas mordeduras de serpiente, pero no sabíamos qué tipo de serpiente le había mordido, por lo que no era seguro que el antídoto funcionara.

De hecho, no funcionó; sin embargo, Dajeela se tranquilizó un poco, quizás debido al ungüento que el curandero le aplicó en la piel y a las gotas de un líquido que goteó en su boca. Además, realizaba sus rituales con hierbas, piedras, conchas, sonajeros, sonidos y canciones, y esperábamos ansiosos sus efectos.

El sacerdote-monje encendió velas, comenzó sus oraciones y mojó la frente de Dajeela con agua bendita. Recitó las oraciones en sánscrito, y comprendí que no pedía la recuperación de Dajeela, sino un buen paso al otro mundo.

El sanador también mostró pocas esperanzas de poder ayudarla. Dajeela se puso pálida y permaneció en su inconsciencia.

Aquella noche mientras la velaba, Dajeela abrió brevemente los ojos, me miró con sus ojos muy abiertos y habló en voz baja, casi inaudible:

» Debo ir ahora, mi amado.

Nos volveremos a encontrar pronto.

Y cuida bien de nuestro pequeño ángel. «

Luego cerró los ojos y volvió a caer en un profundo desmayo.

*****

Durante tres días y tres noches, Dajeela permaneció en un estado de profunda inconsciencia, sin moverse, sin pulso ni respiración perceptible. En la mañana del día del equinoccio, en su vigésimo cumpleaños, falleció, con una sonrisa en el rostro, como pude comprobar.

Le prometí en su lecho de muerte que nunca me enamoraría de otra mujer.

*****

» Nos encontraremos de nuevo pronto. « ??

¿Qué significaba eso? ¿ »PRONTO «?

¿Moriré pronto y nos volveremos a encontrar en otro mundo?

No hemos encontrado la serpiente.

Debemos encontrarla, por el bien de mis hermanas y de todos los demás.

*****

Estuve aturdido durante días, reaccionando sin comprender al hablar, durmiendo de forma irregular, viendo a Dajeela y a los ángeles en mis sueños y ensoñaciones.

05. La vida sigue

Mi madre me coge en brazos y me consuela en silencio. Con ella puedo llorar, y a veces lloramos juntos. Aquí muestra su lado suave, en contraste con su dominio en la corte como Mater Domus.

Así, mi madre es la influencia tranquilizadora en este ajetreado mundo, y me tranquiliza profundamente saber que está en un segundo plano y, cuando es necesario, muy cerca de mí.

*****

Mi padre es muy estricto conmigo. Exige ayuda, diligencia y atención. Esto me ayuda a sobrellevar mi dolor, y también me beneficia el entrenamiento para el autocontrol que recibí en el monasterio.

Mi padre se retira poco a poco de sus obligaciones como regente de nuestro gran país y me confía cada vez más funciones. Sin embargo, sigue siendo consciente de su responsabilidad por el bien común y logra un equilibrio armonioso entre sus propias responsabilidades y mis decisiones independientes, que me anima a tomar. Así practico la confianza en mí mismo y la independencia, pero también puedo encontrar el consejo del Padre siempre que lo necesito.

Mi padre pasa mucho tiempo con los agricultores en el campo y también echa una mano él mismo, tal y como le había enseñado el abuelo. Además, se le puede encontrar a menudo en su estudio, donde se entierra entre sus libros.

Por otro lado, es natural que esté presente cuando hay visitas importantes, pero también deja siempre claro que ya ha delegado en mí una serie de decisiones importantes.

*****

Ganesh me dijo en una carta que ya no tenía casa: Su padre había fallecido, su madre se había casado con otro hombre, sus hermanos vivían su propia vida y él se sentía sin hogar.

Sin dudarlo, le invité a venir con nosotros sin más planes concretos. Ganesh viajó hasta nosotros, se instaló rápidamente, es servicial con todo el mundo e inmediatamente formó parte de nuestra familia.

Mi padre se hizo inmediatamente amigo de Ganesh, ya que puede hablar con él de literatura e historia antiguas durante las noches. Además, trata de mejorar su sánscrito en su conversación con Ganesh.

Yo mismo estoy muy contento de tener un amigo varón a mi lado, de probar con él las artes marciales y de hacer música con él y tocar para que mis hermanas bailen.

Esto, a su vez, complace a mi padre, ya que nos esforzamos por tocar buena música y bailar danzas clásicas. Si tuviéramos más tiempo, nos gustaría contratar a un profesor de música y una profesora de danza clásica.

Lo que más me gusta es que Ganesh es de la misma zona que Dajeela y habla nuestro idioma con un tono de voz similar al de Dajeela. E incluso cuando de vez en cuando habla en su lengua materna, me dan ganas de abrazarlo.

06. Una visita a la ciudad

Un día, por una vez, no tenía mucho que hacer, así que decidí salir de la rueda del hámster por una vez y dar un paseo por la ciudad. En nuestro país sólo tenemos ciudades pequeñas, no grandes como las que existen en otras zonas. Nuestras pequeñas ciudades siempre están estrechamente vinculadas al campo, a los agricultores, silvicultores, cazadores y artesanos de los alrededores. Las ciudades reciben lo que se produce en el país circundante, y envían lo que ellas mismas pueden producir en ropa, zapatos, herramientas, pinturas, y lo que se necesita allí. Así que se trata de una constante toma y daca en beneficio de todos y de un respeto y aprecio mutuos.

Las grandes ciudades de las que se tiene información han desarrollado una vida propia que sólo existe para ellas mismas. El campo circundante está más usado que cuidado, y poco respetado. En las grandes ciudades, según dicen, hay ricos y pobres, algo que no conocemos aquí en el campo ni en nuestras pequeñas ciudades.

*****

Así que decidí visitar la ciudad más cercana. Me vestí de campesino, pedí a mis dos hermanas que hicieran lo mismo y nos pusimos en marcha. Así no llamaríamos mucho la atención, ya que a menudo la gente del campo va a la ciudad para ver la vida allí, y también para comprar cosas útiles y poco útiles.

Mis hermanas estaban de un humor más que exultante, ya que deseaban poder conseguir una u otra de las cosas que las jóvenes creen que necesitan, ya que probablemente yo tenga algo de dinero en el bolsillo, y ellas dos quizás tengan algo propio.

Paseamos por el bazar, donde hay una tienda al lado de la otra, mirábamos a la gente y a los expositores, hay mucho que ver allí que no aparece en nuestra vida cotidiana. Nos fijamos en cómo iba vestida la gente, cómo se comporta, de dónde puede venir, cómo se ofrece la mercancía y cómo se regatean los precios.

Compramos algunas cosas, las damas jóvenes para sus amigas y para ellas mismas, yo compré pequeños regalos para mamá y papá, y una lupa para mí.

*****

Luego pasamos por una pequeña tienda cuyos expositores nos sorprendieron. Se trataba de objetos de devoción, artículos necesarios para pequeños rituales y ceremonias religiosas, como velas, amuletos, matracas y platillos, incienso, ropa especial, libros, cartas para la adivinación, horóscopos, mándalas, dados, perfumes, y algunas cosas que no podríamos clasificar en absoluto. Entramos un poco inseguros, y mis hermanas se mantuvieron timoratamente detrás de mí.

Nos saludó amistosamente una mujer joven, que cuando me miró a la cara con una breve mirada, se estremeció, se tapó la cara con su Sari y, a partir de entonces, aunque siguió siendo educada, se mostró muy reservada y tímida.

Yo mismo estuve casi asustado al verla, muy extrañamente conmovido, inseguro, pero no pude mirar más de cerca su rostro, ya que lo mantuvo bastante velado. Tampoco pude saber con más exactitud de qué manera hablaba, pues habló poco y en voz baja.

Dejamos que nos enseñara algunas cosas y nos las explicara, para lo cual la vendedora utilizó más gestos que palabras, también sujetando algo en los brazos de mis hermanas o dándoles algo en la mano, pero tengo la sensación de que todo esto era una forma de comunicación inusual, si no artificial.

Una de mis hermanas compró unos inciensos, la otra algo que podría servir de perfume, yo mismo compré un talismán, que más bien eligió la dependienta en mi lugar, pagamos y salimos de la tienda extrañamente avergonzados.

Tras la salida volví a mirar de nuevo brevemente a mi alrededor, quizás para repasar nuestras impresiones, quizás para recordar la tienda y su ubicación, quizás simplemente por la incomprensión de lo que nos acababa de ocurrir.

Me di cuenta de que la tienda estaba junto a una hilera de tiendas que superficialmente parecían similares, pero que tenían expositores completamente diferentes más adecuados para las necesidades diarias o los placeres cotidianos. Pero la tienda justo al lado de la que habíamos entrado estaba cerrada y sus ventanas también por lo que no era posible saber lo que se ofrecía antes allí.

Mis hermanas y yo tomamos algo, miramos un poco a nuestro alrededor, saludamos a los transeúntes cuando nos pareció oportuno, y luego nos dirigimos a casa.

07. Un espejismo

No puedo quitarme de la cabeza a la joven, la vendedora.

¿Por qué fue tan extraño este encuentro?

¿Por qué había sido tan tímida?

Hay algo que no entiendo.

En lugar de que estos pensamientos se desvanezcan con el tiempo – aunque tengo mucho que hacer y pensar – siguen presionando con el deseo de resolver el misterio y volver a ver a la joven.

Vuelvo a ir a la ciudad, esta vez solo, a escondidas y con un disfraz diferente. Me maquillo la cara con cuidado, me pego una barba que parece bastante real, y espero impaciente a ver qué pasa.

La noche anterior duermo mal, veo a Dajeela y a la joven vendedora alternativamente en mis sueños.

La visita a la joven vendedora vuelve a ser muy similar a la primera vez. En cuanto me ve, se tapa la cara, habla poco y casi sólo con palabras sueltas, se mantiene educadamente distante, y yo soy tan inteligente como antes.

Yo mismo estoy muy emocionado de nuevo, no sé qué me pasa, me gustaría abrazarla, y sin embargo soy muy tímido.

No entiendo nada de nada, estoy confundido, compro algunas cosas, no regateo el precio y salgo de la tienda aturdido.

La tienda de la derecha sigue cerrada.

Al volver a casa, decido hacer algo al respecto. Ganesh podría ayudarme.

Le confieso mi problema, me mira con picardía por el rabillo del ojo y promete ayudarme. ¿Qué puede hacer?

Ganesh es completamente desconocido en la ciudad y puede desempeñar cualquier papel.

Así que le sugiero que alquile la tienda vacía de al lado, si es posible, para hacer averiguaciones.

¿Puedo? Lo dudo.

Visito a una anciana sabía que vive a un pueblo de distancia.

Me recibe amablemente, y le insinúo sin muchas palabras que es un asunto personal, no es asunto de nadie. Ella está de acuerdo.

Le describo mi incertidumbre, mi confusión, mi duda, mi curiosidad, mi timidez, mi atracción, mi consternación, mi deseo de aclaración.

La mujer sabia consulta sus cartas, también el horóscopo, y habla:

» Es el destino el que actúa aquí. Es tu destino. No hay que resistirse al curso de las cosas. Sigue el camino que se te abre. Ha habido tantas coincidencias que no eran casualidades que está claro que aquí actúan poderes superiores. Sigue tu camino – pero la decisión es la tuya. «

Me despido, agradeciéndole mucho, pero sin darle dinero, pues eso sería un insulto. Le enviaré un bonito regalo.

08. El explorador

Dada una oportunidad favorable, discuto mis planes con Ganesh. Todavía parece algo incrédulo, pero accede de buen grado, ya que es mi deseo.

Consigue alquilar la tienda vacía y, como dice ser hijo de un brahmán, también le prestan de buen grado el dinero para abrir la tienda. (Por supuesto, tenía poco dinero para no levantar sospechas).

Los vecinos, incluidos la tendera y su hermano, le dan una calurosa bienvenida, en parte porque se alegran de que la tienda de al lado vuelva a funcionar.

Informó de que aún no tenía una tienda, pero que estaba buscando un medio de vida en la ciudad, y preguntó qué productos no se vendían aún en la zona, pero que probablemente desearían los clientes. Le aconsejaron que almacenara instrumentos musicales sencillos para los niños y, más tarde, cuando el negocio fuera bueno, instrumentos sofisticados para los adultos, ya que todavía no había nada de eso en la zona. También podría añadir juguetes para ampliar la gama.

Ahora todo el asunto iba en una dirección que no habíamos previsto, porque Ganesh no quería realmente dirigir una tienda.

Pero el comienzo estaba hecho y Ganesh se ganó la confianza de los vecinos y especialmente de la vendedora de devociones y su hermano. Me informa al respeto:

La dependienta se llama Deyla y ha nacido y se ha criado en la ciudad. Es natural y habladora con él y también le muestra abiertamente su rostro. (Me trae un boceto para que yo también pueda reconocer su cara).

Deyla habla con un tono de voz extraño. Ganesh cree reconocer algo parecido a su propia lengua materna en su pronunciación y se dirige a ella en su lengua materna. Se sorprende cuando ella le responde con fluidez y sin errores. Evidentemente, ella misma también se sorprende y se calla inmediatamente.

No hablan más de este fenómeno tan extraño.

Del hermano de Deyla, Ganesh se entera de la siguiente historia: Hace dos años Deyla enfermó gravemente y se temió que muriera. Estuvo tres días y tres noches en profunda inconsciencia, y ya pensaban que había muerto. Pero entonces movió un poco el dedo gordo del pie, recuperó gradualmente la conciencia, pero no pudo orientarse en su entorno, ni reconoció a la gente.

Hablaba en un idioma que no entendían,[5] y tardó mucho tiempo en saber orientarse en la casa, en encontrar su ropa y las demás habitaciones, en reconocer a los presentes.

Le costó aún más tiempo recuperar la fluidez en su propio idioma, pero hasta hoy habla en un tono peculiar que no se puede explicar.

Aunque se trataba del cuerpo de Deyla, los familiares tenían la impresión de que era una persona diferente. O se había vuelto loca. Preferían no consultar a un curandero o a un mago para no desacreditar a la familia.

A pesar de todo, aceptaron con cariño a Deyla, soportaron su extraño comportamiento y la ayudaron a volver a su mundo siempre que pudieron. Sin embargo, siguen pensando que el cuerpo de Deyla está habitado por una persona diferente, porque su naturaleza es completamente distinta a la de antes. Ahora le encanta la música y la danza, cosa que antes no ocurría, se interesa por todos los instrumentos musicales que ve en algún sitio y siempre pregunta cuándo puede volver a asistir a un espectáculo de danza.

También se nota que a menudo mira a su alrededor, como si buscara o esperara a alguien, y luego vuelve a des-

---

[5] Deyla, a juzgar por su currículo vitae, difícilmente podría haber aprendido una lengua extranjera que no entendiera su familia. El fenómeno de hablar una lengua nunca aprendida, la xenoglosia, no es infrecuente, especialmente después de un desmayo profundo, véase Matlock [2017/2021] en apéndice 3.

viar la mirada con decepción. Si le preguntas cómo se siente, no contesta; sólo se puede hablar con ella de cosas cotidianas, pero no de su estado de ánimo o de su pena. A veces habla en un idioma extranjero, que nadie entiende, hasta que Ganesh lo reconoce como su propia lengua materna.

09. ¿La solución al enigma?

El informe de Ganesh me llenó de mil pensamientos. Le pido que averigüe cuándo exactamente Deyla estuvo en coma y casi murió. Le pido que tal vez traiga también otros detalles.

Había surgido una pista que parecía tan increíble que no hablé con nadie de ella. Oh, sí lo hice, visité al viejo sabio en la montaña y le describí mis sospechas.

La reencarnación[6] es un conocimiento común entre nosotros, y la gente vive repetidamente la experiencia de que los difuntos renacen. ¿Pero tal cosa? El viejo sabio mira pensativo a lo lejos y me dice:

» Sí, ha habido tal cosa.[7] No es tan raro, pero no suele reconocerse como lo que realmente es. A los que la padecen se les considera simplemente extraños o incluso locos. Sólo en casos especiales se identifica a la persona que ha buscado un nuevo cuerpo. Ve allí y tómalo como algo raro, a menudo incomprendido, pero muy en armonía con el mundo espiri-

---

[6] En el Apéndice 2 se ofrece una breve introducción a la idea de la reencarnación, con referencias.

[7] En el Apéndice 2 se explica brevemente la idea de la sustitución (el reemplazo) del alma.

tual en el que vivimos, del que solemos reconocer sólo una tenue sombra. «

Hmm, ¿me estaba volviendo más inteligente ahora?

*****

Echo mucho de menos a Ganesh en la granja. Está ocupado con su tienda todos los días, y el camino a la ciudad está demasiado lejos para ir y venir todos los días. ¿Quiere montar su propio negocio allí con la tienda? De repente, todo está en cuestión.

También me preocupa no estar cumpliendo con mis deberes como hijo del Príncipe y sucesor natural. Toda la historia con Dajeela y Deyla me tiene atrapado. Mi padre ya ha comenzado a lanzarme miradas de impaciencia. ¿Qué puedo hacer para escapar de este conflicto?

Además, me llegan muchas preguntas sobre Dajeela. ¿La había conocido? Ciertamente, desde mi punto de vista, había sido un amor extraordinario, que me había tocado profundamente. Y Dajeela me había devuelto el amor de muchas maneras. Pero nunca hablamos de sus pensamientos, de sus penas y dificultades. Tampoco sabía mucho sobre su vida en su tierra. Era simplemente un ángel que flotaba y siguió siendo un ángel.

¿Y por qué se fue tan temprano?

¿Y qué pasa con Deyla?

*****

Ganesh viene con nuevas noticias: Deyla tenía una enfermedad terminal y estuvo a punto de morir hace dos años, exactamente en los 3 días en que se iba a celebrar el Equinoccio de primavera.

¡Y ese fue exactamente el momento en el que Dajeela se encontraba en la inconsciencia!

Ganesh me informa, además, de que Deyla recuerda su vida como Dajeela; no el tiempo conmigo, sino el tiempo en su tierra con sus padres. Es capaz de relatar esta época por medio de la lengua materna de Dajeela, y Deyla vacila entre la necesidad de compartir y la preocupación de que la miren con recelo. Es una ayuda para ella que Ganesh la escuche con tanta comprensión.

Le pregunto a Ganesh cómo se las arregla Deyla con su nueva vida. Sí, se esfuerza por integrarse a esta vida. Además, sigue dirigiendo la tienda, apoya a Ganesh en su negocio, busca la música y el baile allí donde lo encuentra, pero sólo baila un poco ella misma en casa.

Se esfuerza por no llamar la atención, lo que consigue hasta cierto punto.

Pero si la conoces mejor, informa Ganesh, puedes ver un triste estado de ánimo subyacente. Se siente mal llegada aquí, pero no se atreve a ponerse en contacto con sus padres, los que tenía como Dajeela. Al igual que todos no entendemos realmente lo que pasó, como persona afectada ella no se siente mejor.

Me pregunto si Deyla realmente no se acuerda de mí, o si no quiere hablar de ello. Ya que cuando me vio probablemente me reconoció. Es extraño que no vea a través de Ganesh, o de nuevo: ¿*no quiere* ver a través de él?

Muchas, muchas preguntas. – ¿Y qué hago con todo esto?

¿Olvidar toda la historia? – Tengo bastante que hacer.

¿O me acerco a Deyla? – Con un resultado incierto.

Le prometí a Dajeela, ...

¿Renuncio a mi papel de príncipe? – Para horror de todos.

¿Simplemente huyo? – ¿Ir a dónde? Confusión.

10. Un sueño

Una noche tengo un sueño en el que me siento como un MAHOUT [8] y estoy orgulloso como un rey cuando me siente sobre mi elefante. Estoy casado con una joven y hermosa mujer a la que reconozco como Dajeela. El dueño del elefante es Ganesh, que se enamora de Dajeela y se acosta con ella. La esposa de Ganesh, Deyla, está muy enfadada y apuñala a Dajeela hasta la muerte.

Yo huyo, y mi elefante se coinvierte de repente en un caballo veloz, y después de tres días de viaje llegamos junto al Ganges, el río sagrado. Encontró cobijo en una familia de un pobre pescador y puedo conservar mi caballo, ya que se encuentra suficiente forraje suculento en las praderas del Ganges. Me enamora de la hija del pescador, a la que reco-

---

[8] Cuidador de elefantes que pasa toda su vida con el elefante.

nozco como Dajeela, y soy aceptado por sus padres como si fuera su hijo.

Estoy aprendiendo el oficio de pescador, y todos los días junto al río recibimos la visita de una familia de osos que se compone de padre, madre y tres oseznos; uno de ellos es el pequeño Baloo, que me saluda con un gran beso. Alimentamos a los osos con los peces que son demasiado pequeños para venderlos en el mercado. También me siente muy útil al poder llevar con mi veloz caballo el pescado fresco a la siguiente aldea más grande. Sus habitantes son agricultores y artesanos y se alegran de poder comprar pescado fresco.

El pequeño oso se convierte en nuestro hijo Baloo, ¡y por fin volvemos a estar juntos como una familia!

Me voy despertando lentamente del sueño y necesito un tiempo para distinguir entre el sueño y la realidad.

———————

Parte II. Tambor y Oso

11. La Guerra

Nos llegan malas noticias procedentes del norte de nuestro país:

Los invasores han vuelto, mejor armados que antes y mejor dirigidos, según hemos oído. Ni conocen nuestras sagradas escrituras, ni adoran a nuestros maravillosos dioses; son extraños para nosotros. Estamos en guerra.

Esto lo cambia todo. Aquí en el sur no estamos directamente afectados, pero el país que mi abuelo fundó se mantiene unido contra el enemigo.

Aquí entre nosotros esto significa que los hombres se arman y se dirigen al norte, también se reúnen los bienes necesarios para la lucha y se transportan hacia el norte.

No obstante, la necesidad de armas es tan grande que los suministros no son suficientes. Por lo tanto, Deyla y Ganesh reúnen sus tiendas y comienzan a fomentar la fabricación de armas para luego distribuirlas sabiamente y dirigirlas hacia el norte. El hermano de Deyla les ayuda con diligencia, ya que antes no había encontrado el verdadero propósito de su vida.

Mi padre, acompañado de mi hermana mayor, viaja a toda prisa hacia el norte, donde tienen lugar los primeros combates.

Pero no tenemos intención de entrar en combate, aunque la batalla que ganamos bajo el liderazgo de mi abuelo permanece en el recuerdo de forma loable.

Mi padre había leído un libro de China titulado "Victorias sin lucha", traducido recientemente al sánscrito, y como consecuencia de esta lectura había preparado a todos los dirigentes y guerreros del país para que ante todo evitáramos la batalla abierta y, en cambio, proponía una alternativa que consistía en formar pequeños grupos, preferiblemente por la noche, con la finalidad de dificultar la vida a los atacantes por medio de pinchazos, robándoles el descanso nocturno, impidiéndoles encontrar lugares para dormir y comida.

De momento permanezco en nuestra corte, sigo recibiendo a invitados y embajadores, leyendo y enviando mensajes, pero el número de visitantes y cartas disminuye: los acontecimientos se desarrollan ahora en el norte, donde se haya mi padre con mi hermana mayor.

*****

Pronto nos llega la noticia de que mi padre mantiene en secreto su paradero y sólo recibe a visitantes selectos, dirigentes y embajadores. Nuestros guerreros luchan con gran valentía, las mujeres y los ancianos resisten como pueden; todos sufren dolor y dificultades, pero la voluntad de resistir es inquebrantable.

Nos enteramos en parte, de que mi hermana mayor está ayudando a mi padre en todo lo que puede y ya está asumiendo ella misma pequeñas tareas de comando. Al parecer, la fama de mi abuelo se ha trasladado a mi padre – ¿y quizás también a mi hermana?

*****

En beneficio de los lectores que puedan leer este informe en el futuro, cabe mencionar que los elefantes no se han utilizado en batallas en nuestro país desde hace mucho tiempo. Los elefantes son lentos, y pronto se desarrollaron métodos para asustarlos, para que se negaran a obedecer a sus cuidadores y emprendieran la huida en lugar de luchar.

La mayor parte de los elefantes de nuestro país se utilizan como auxilio del hombre, y algunos también en las fiestas para equipar los desfiles. Todavía se conservan algunos, como en tiempos pasados, para la guerra, pero también se utilizan sólo para el espectáculo. Mi entrenamiento en el monasterio en la lucha con elefantes había sido puramente simbólico en reverencia a estos nobles animales y como continuación de antiguas tradiciones. Allí solo en una ocasión estuve sentado sobre un elefante. –

En la guerra que nos vemos obligados a librar ahora, utilizamos caballos, pero no para la batalla como lo hacía mi abuelo, sino sólo para el desplazamiento rápido de combatientes, mensajeros y materiales. Tenemos razas de caballos que han sido criados específicamente para la batalla y son enormemente rápidos y resistentes. [9]

Mientras tanto, aquí en la corte, todavía tenemos mucho que hacer: Estimular la producción de armas en esta parte del país, organizar su distribución, instruir a jóvenes completamente inexpertos en su uso, planificar las rutas hacia el norte, proporcionar a los que parten información y mapas, transmitir las noticias del norte, y por supuesto asegurar el buen humor.

✳✳✳✳✳

Poco a poco van llegando informes que indican que los atacantes están decepcionados porque no encuentran oponentes a los que derrotar en la batalla, que están sufriendo por la

---

[9] Caballo de raza Marwari, usado desde 1200 por los Rajputs en el desierto del Thar de la India como caballo del desierto, es decir, un caballo robusto, rápido, extremadamente duro y que desafía el frío y el calor.

falta de sueño y comida, que no conocen nuestras montañas, bosques, valles y ríos tan bien como nuestra propia gente, de hecho, que están perdiendo el ánimo y han olvidado el por qué están aquí.

Luego, su comandante del ejército ha sido gravemente herido en uno de los combates nocturnos y, según todos los indicios, sólo ofrece una imagen deplorable. Apenas puede hablar, por lo que ya no puede dar órdenes con motivación. Su gente trata de mantener esto en secreto, pero, como se ha visto, incluso ha llegado hasta nosotros.

*****

Todo ello refuerza la voluntad de nuestro pueblo en perseverar y defender nuestro país, a pesar de todos los sacrificios, a pesar de todos los sufrimientos y de los muertos y heridos.

Finalmente, los atacantes se retiran y todos desean que vuelva la paz. Pero la devastación que ha provocado la guerra en las ciudades, en los pueblos y en los corazones seguramente tardará mucho tiempo en curarse. Además, el temor de que puedan volver sigue presente; hay un limbo entre la guerra y la paz.

12. Mi hermana mayor

Entonces nos llegó otro informe terrible: Mi padre ha muerto de manera repentina; se lesionó mientras trabajaba en el jardín, y debido a esto sufrió una inflamación que afectó a todo su cuerpo y murió. Por el momento no hemos podido obtener más detalles en los informes que nos han llegado desde el norte. En cualquier caso, no era una herida de guerra.

La gente acudió de todas partes para asistir a su funeral, ya que había ganado gran fama como señor de la guerra, especialmente por la estrategia de no enfrentamiento en la batalla, y la fama de su padre, mi abuelo, que también se había trasladado a él.

Después del funeral, la gente empezó a construir un pequeño mausoleo con un monumento que representaba la cohesión de la gente de nuestro país y su voluntad de defenderlo.

Después del funeral, mi hermana mayor viajo al sur para reunirse con nosotros, para poder así sobrellevar el duelo junto con su familia.

Cuando apareció, apenas la reconocimos. Se presentó con aspecto casi de hombre, con ropa y botas de guerra, una espada corta en el cinturón, bronceada, con el pelo revuelto. Sólo su voz nos demostró que se trataba de mi hermana.

Pero rápidamente nosotros, mi madre, mi hermana mayor, mi hermana menor y yo, nos unimos otra vez como familia. Invitando a los demás de la corte, y junto con Ganesh y Deyla celebramos nuestro propio pequeño servicio fúnebre.

Había mucho que contar y nos enteramos de que mi hermana mayor participó ella misma en los combates nocturnos, fue herida y pronto alcanzó una buena reputación como ayudante de mi padre en el combate y como nieta de nuestro venerado abuelo. De este modo, ganó – siendo una mujer tan joven – un papel destacado en la defensa de nuestro país y gozó de gran confianza y lealtad entre los combatientes.

A mi hermana permanecer aquí le resultaba demasiado pacífico, en el norte todavía persistía la guerra en las mentes, y así al cabo de unos días ya estaba dispuesta a regresar de nuevo al norte, a la zona donde se estaba construyendo el mausoleo, para ayudar a la gente con sus palabras y sus hechos.

Así que sólo quedamos una parte de nuestra familia: mi madre, que está un poco enferma y ya no tiene la fuerza de antes, mi hermana menor, que ahora ha asumido buena parte de las tareas de mi madre, y yo, ahora como heredero de mi padre. Dimos por sentada la herencia y no tuvimos ninguna celebración o ceremonia especial.

Ganesh y Deyla siguen regentando sus tiendas, que se han fusionado; en la ciudad las armas y el material de guerra siguen siendo demandados, Deyla sigue vendiendo objetos de devoción, pero Ganesh ha dejado los juguetes. De vez en cuando los dos nos visitan en la corte, y entonces Ganesh y yo podemos hablar de mi trabajo como soberano – que no me gusta que él me llame así – Ganesh me escucha atentamente, también hace preguntas, pero no me da ningún consejo. Es una buena ayuda para mí, en el sentido de que puedo ver mejor mis dificultades e iluminarlas desde diferentes puntos de vista. Ganesh no tarda en conocer todos los asuntos del gobierno.

*****

Ganesh y Deyla duermen juntos, pero el peso de mis propias dudas no me deja espacio para pensar en ello.

Deyla me recibe formalmente y se muestra útil en la granja, por ejemplo, introduciendo a un nuevo empleado en el trabajo.

Nos enteramos de que mi hermana mayor ya está en el norte, donde está dirigiendo y ayudando a limpiar y superar las secuelas de la guerra. Ella está siendo reconocida como la sucesora de nuestro abuelo y de nuestro padre y como veterana de guerra, y está asumiendo tácitamente las funciones de su hermano en esa parte del país.

13. ¿Cómo puedo ayudarla?

Deyla ya no se oculta de mí y tengo la oportunidad de observarla más de cerca. Si ella no estuviera tan triste, la calificaría de excepcionalmente guapa y atractiva desde un punto de vista masculino.

Intento averiguar si tiene alguna similitud con Dajeela, pero no puedo detectar ninguna. La forma y el color de los ojos, la frente, la nariz, la boca, las mejillas, todo es muy diferente, aunque Dajeela también tenía un aspecto notablemente noble.

Me gustaría ayudar a Dajeela porque, obviamente, es ella la que no se siente cómoda en el cuerpo y en el entorno de Deyla. Se siente atrapada en el cuerpo de Deyla. ¿Pero qué puedo hacer? Tengo que hacer algo bastante inusual.

Decido visitar a la adivina una vez más. Me recibe de nuevo amistosamente y me agradece la alfombra, que le había enviado como regalo. También era adecuada como alfombra de oración, pero ella la había colocado como alfombra de pared, que encaja armoniosamente.

Le describo mi deseo de ayudar a Dajeela/Deyla de alguna manera, y ella vuelve a consultar sus cartas y las estrellas. Luego habla:

» Hijo mío Satyendra, estuviste asociado con Dajeela en un amor infeliz en una vida anterior. Si lo deseas, puedo intentar averiguar algo más concreto. «

Acepto y la adivina me pide que permanezca en completo silencio durante un rato.

La adivina cierra los ojos y tengo la impresión de que se adentra en otro plano mental. Después de un rato, cuya duración no puedo calcular, vuelve, aparentemente con dificultad, a abrir lentamente los ojos y a mirar a su alrededor con asombro.

Sin embargo, luego vuelve por completo al presente y habla:

» Hijo mío, sí que fuisteis amantes. El padre de Dajeela – utilizo su nombre actual – era un rico comerciante que se había construido un palacio para mostrar su riqueza y quería ser admirado por todos. Quería que su única hija se casara ricamente, preferiblemente con un príncipe.

Tú mismo eras el hijo de un maestro sastre que cosía la ropa del señor de la casa y de su familia en ese palacio y él era bien querido. Acompañaste a tu padre a palacio, pues tú también ibas a aprender el oficio de sastre, y en este exigente trabajo se presentó una buena oportunidad para ello.

En una prueba para la hija, ocurrió lo inevitable: Os enamorasteis, intentasteis mantenerlo en secreto. Pero el padre de Dajeela se dio cuenta de lo que pasaba y os echó a ti y a tu padre. Dajeela y tú os encontrasteis en secreto, pero el padre de Dajeela se enteró y la encerró. Ella escapó, y los dos juntos intentasteis viajar en barco, pero no sabíais a dónde ir.

A la mañana siguiente vuestros cuerpos fueron encontrados en el agua, y quedó sin aclarar si fue un accidente, un asalto o una salida voluntaria.

El padre de Dajeela montó en cólera y dolor e intentó capturar y castigar a tu padre, el maestro sastre. Tu padre huyó del país y no se le volvió a ver jamás. «

La adivina me miró largamente y la sesión terminó. Le di las gracias de nuevo muy sinceramente, pero recibí como respuesta que ella se sentía profundamente agradecida por haberle permitido hacer este viaje al pasado y quizás haberme ayudado un poco. Nuevamente me encargué de enviarle un regalo adecuado.

¿Se supone que debo creerlo? Y si fuera cierto, ¿de qué serviría ahora, en el presente?

*****

Existe, por supuesto, la posibilidad de pedir ayuda a los dioses. No soy muy devoto y no estoy acostumbrado a rezar. La creencia en nuestros numerosos dioses, las antiguas escrituras, las numerosas ceremonias religiosas siempre me han parecido buenas, son una parte esencial de nuestra cultura y de nuestra vida comunitaria. Construyen y mantienen a la comunidad. Y los festivales son simplemente la sal en la sopa de un pueblo. Sin embargo, reconocer a los dioses como una entidad real existente, eso no me es dado. A lo sumo pienso que los numerosos servicios, el culto, las procesiones, las recitaciones de las escrituras, las estatuas y los templos crean una realidad que simplemente está ahí sin hacer tangibles a los dioses que hay detrás.

Decido pedirle consejo al filósofo. Últimamente le he visitado varias veces, y se ha convertido en algo así como un padre para mí. Me recibe calurosamente; le pregunto qué pensar de esta historia, y me habla:

» La pitonisa tuvo una maestra que fue una verdadera hechicera, de gran reputación y con un brillo que cautivaba a todos. Era una maga en el mejor sentido, y sólo lanzaba hechizos cuando era por el bien del pueblo, y nunca fue egoísta al hacerlo. Su magia era ampliamente conocida, pero también era temida porque regañaba y expulsaba a todo aquel que acudía a ella con deseos egoístas o incluso malvados.

Esta maestra no estaba del todo satisfecha con su alumna – la adivina con la que estuviste – porque creía que a veces le faltaba diligencia y porque los poderes mágicos de la alumna sólo mostraban un éxito limitado. Sin embargo, como no tenía una alumna mejor, y no a todo el mundo le es dado desarrollar poderes mágicos, la consagró como su sucesora poco antes de su muerte, y ahora tenemos que ver cómo nos va con ella.

48

La sesión que tuviste con la adivina no fue para nada un acto de magia, sino una mirada al pasado. Yo mismo no tengo esta capacidad para mirar en el pasado – mi maestro en el mundo espiritual es un maestro de la mente aguda. La historia que te contó la adivina es impresionante, y puede que sea cierta. De todos modos, podemos afirmar que tú y Dajeela estáis unidos kármicamente. Pero no recibiste una directiva de acción, una pauta sobre qué hacer ahora. «

Estoy decepcionado y, como ya nos conocemos, puedo mostrárselo. Se produce una pausa y entramos en un estado de meditación. Al cabo de un rato nos despertamos de nuevo, y el filósofo habla:

» Eras un baterista entusiasta cuando eras joven. Ahora sabemos que el tambor es un vehículo para que algunos curanderos viajen al mundo espiritual y provoquen la curación. Aunque no tienes formación como sanador, tal vez un ritual que realices tú mismo pueda ayudar a curar las dos almas. Sin embargo, se debe realizar un ritual bueno, significativo y presumiblemente efectivo, y tendremos que ver cómo se aprende uno. «

El filósofo hace suyo mi problema y empiezo a sentirme más esperanzado.

» ¿Puede un buen sanador curarse también a sí mismo? «

» Sí, puede, si es sólo para preservar o restaurar su salud. Pero nunca debe trabajar para aumentar su riqueza, su orgullo o su prestigio, sino que debe preservar su salud principalmente para poder seguir estando al servicio del pueblo.

Sin embargo, hay sanadores que son tan humildes que no hacen nada para curarse. «

*****

¿Cómo conseguir el conocimiento de un ritual adecuado? Me propuse visitar a un pueblo del este de nuestro país que ha conservado costumbres ancestrales olvidadas desde hace mucho tiempo por nosotros, gente culta y educada.

Está situado en aquellas partes de nuestro gran país donde la gente todavía vive muy cerca de la naturaleza y donde prevalecen las prácticas y los hábitos tradicionales, donde no hay ciudades, porque las ciudades nos alejan de la naturaleza y de los espíritus, y esta alienación se extiende también a los alrededores rurales de las ciudades.

14. El sanador

Así que me estoy preparando para un viaje hacia lo desconocido. Ganesh, que ya conoce bien la corte, me representará, Deyla también estará aquí, y el hermano de Deyla llevará los negocios en la ciudad.

Mi atuendo para el viaje es sencillo y rústico; no deseo llamar la atención presentándome como alguien que viene del mundo moderno. Mis ideas sobre la vida de las personas que quiero visitar son muy aproximadas, y me estoy preparando para cualquier cosa. Sobre todo, será difícil convencerles de que no quiero hacer proselitismo y de que no quiero convencerles de algo que no quieren saber. Unos relatos ya me han dejado claro que esta gente chapada a la antigua está sometida a una presión constante para adaptarse al

50

mundo moderno. Aunque sé poco de ellos, les tengo un gran respeto desde el principio.

Así que ensillo mi caballo y me voy. En los mapas que he consultado y estudiado, tan sólo tengo una idea aproximada de dónde quiero ir. Tras cinco días de cabalgata – los albergues del camino están bien gestionados y las noches son tranquilas – llego a una zona muy boscosa, los asentamientos son difíciles de distinguir, todo parece irreal, un poco encantado. Finalmente llego a un pequeño pueblo con habitantes que me saludan, al principio con cautela, con curiosidad y finalmente con amistad. Evidentemente, consigo ganarme su confianza gracias a mi aspecto reservado, y le dan a mi caballo agua y grano. Los niños alivian la ligera tensión manoseándome, riéndose y aparentemente haciendo preguntas que no entiendo. Se me acerca un joven que tiene algunos conocimientos del idioma y somos capaces de comunicarnos sobre las cosas más importantes. El joven ha viajado y ha aprendido algunas de las lenguas más comunes. Cuando la gente ve que nos entendemos bien, gano su confianza y me invitan a quedarme con ellos. Me dan comida y bebida y me asignan una casita para pasar la noche, que no es muy tranquila, porque los niños de al lado están durmiendo, o más bien no duermen.

A la mañana siguiente, con esta buena gente, surge la pregunta tácita de qué quiero con ellos. Como probablemente son sensibles a la actitud sabelotodo de las ciudades y ciertamente no quieren ser sondeados, no puedo pedirles que me presenten sus rituales. Así que intento dejar claro que tengo problemas mentales – 'en mi cabeza' – y que he venido a buscar la curación, lo que de alguna manera es correcto.

Esto se entiende bien, y especialmente las mujeres están de acuerdo conmigo con muchas palabras y gestos, con muchas risas y actuaciones. Me dicen que debo ir con mi deseo a otro pueblo donde vive un famoso curandero. El joven, que ya ha viajado, y con el que mejor me entiendo en el lenguaje, y su joven esposa me acompañan.

Tras un día de cabalgata llegamos a otro pueblo con casas llamativamente bajas y muchas flores en los jardines, y también con hierbas y verduras.

Nos reciben amistosamente – parece que mis jóvenes compañeros son muy conocidos allí – y nos dicen que el curandero no se encuentra en casa, que está en el bosque buscando hierbas silvestres y que volverá mañana. Nos reciben con una comida y una bebida sencillas y maravillosas y nos dirigen a una pequeña casa donde podemos pasar la noche. La pequeña casa está obviamente habitada, pero ahora no hay nadie. Así que podemos ponernos cómodos allí para pasar la noche; el joven y la joven se acurrucan juntos y me recuerda los maravillosos momentos pasados con Dajeela.

*****

Al final de la tarde siguiente, el curandero regresa. Su aspecto no es muy diferente al de los demás hombres del pueblo y de la zona, parece joven en apariencia, pero es más viejo de lo que parece a primera vista, como se puede ver en las finas arrugas de su cara. Nos saluda muy cordialmente, nos pregunta un poco sobre lo que queremos y nos dice que ahora tiene que descansar y que podemos volver a vernos mañana por la tarde.

Así que pasamos otra noche en la pequeña casa – sus habitantes siguen siendo invisibles – y nos reunimos de nuevo con el curandero a primera hora de la tarde. Nos invita a su casa, su mujer prepara un té y podemos presentarle nuestra preocupación – mi preocupación – al sanador. Le describo mi problema con respecto a Dajeela y Deyla, y me pregunta:

» ¿Quieres ser capaz de curar? «

Me he quedado sin palabras. Él ha visto a través de mí. Después de un rato le contesto:

» Quiero ayudar al alma de Dajeela para que no sea infeliz en el cuerpo de Deyla. «

El joven nos ayuda en los momentos en que la comunicación lingüística flaquea. El sanador habla:

» Dajeela y tú, siempre estaréis juntos. Para llegar a ser un curandero de los antiguos, hay que nacer para ello, y se necesita un riguroso entrenamiento durante muchos años, antes y después de la iniciación a los 16 años aproximadamente. También requiere dureza física, privaciones y autocontrol.

Todo esto no se da en usted y a su edad, porque la formación para convertirse en sanador debe comenzar pronto, y además sólo es posible si se dan los requisitos previos. También es importante tener un buen profesor.

No puedo explicarle cómo funciona la curación real. Sólo lo sabes cuando tú mismo has recorrido el camino del sanador, e incluso entonces no puedes expresarlo con palabras.

Veo que tu deseo de ayudar al alma de Dajeela es genuino y sincero. Intentaré ayudarle. Has perdido una parte de ti mismo, y yo intentaré encontrarla y traerla de vuelta. Todavía es temprano y podemos salir. «

Después de una corta caminata llegamos a un claro que parece ordenado, el suelo está pulcramente nivelado donde no crece la hierba, y nos sentamos, los tres uno al lado del otro y el curandero frente a nosotros.

El curandero comienza la ceremonia con el delicado sonido de una campanilla. Primero entra en una breve meditación, luego vuelve a abrir los ojos y comienza un canto monótono y sonoro. Luego enciende una hierba retorcida, inhalando su humo. Finalmente, se levanta, coge un tambor que ha traído consigo, camina en círculo y golpea el tambor con un ritmo constante, pronunciando frases cortas en un idioma que no entiendo.

Finalmente se detiene, deja el tambor a un lado, coge dos címbalos del tamaño de una mano con los dedos extendidos, los golpea uno contra otro, inclinándose hacia arriba y hacia abajo, y vuelve a pronunciar palabras en voz alta que no entiendo.

Finalmente, deja los címbalos a un lado, se sienta y se sumerge de nuevo en la meditación. Todavía en trance, el curandero me entrega una pequeña hoja verde de una planta, que debo consumir. Tiene un sabor un poco agridulce.

Al cabo de un rato, el curandero abre los ojos, nos mira divertido y parece estar satisfecho de sí mismo y del mundo.

Intercambiamos unas palabras y nos hacemos gestos de agradecimiento, nos levantamos y llevamos las cosas que habíamos traído de vuelta al pueblo.

Después de la cena, que nos preparan las mujeres, volvemos a dormir en la pequeña casa y no nos encontramos con el curandero hasta la mañana siguiente. Nos sentamos juntos en su casa, su mujer vuelve a ofrecernos té y el curandero habla: [10]

» Nosotros, los seres humanos, estamos formados por cuatro partes: la parte humana, la parte animal, la parte vegetal y la parte mineral. Para la salud física y mental es importante que las cuatro partes estén en armonía.

Cada parte puede manifestarse; normalmente vemos la parte humana, es decir, a nosotros mismos como seres humanos, y creemos que eso ya es la persona completa. Pero quien tiene buenas conexiones con el mundo espiritual también puede percibirse a sí mismo como su parte animal, es

---

[10] El curandero de esta historia es un chamán en los términos actuales, y lo que aprendemos aquí son conceptos básicos del chamanismo. Sin embargo, la palabra "chamán" no aparece en el texto; procede de la lengua siberiana Tungu y sólo recientemente se ha aplicado a prácticas similares en todo el mundo. El estudio del chamanismo en Siberia por parte de los etnólogos europeos no comenzó hasta mediados del siglo XIX, pero se estima que esta narración se sitúa en la India medieval.

Sobre el chamanismo, véanse los autores Michael Harner, Mircea Eliade, Brant Secunda y Michael Witzel en el apéndice 3.

decir, como un animal [11], y también como una planta y también como un mineral. Pero no como un animal cualquiera, sino como un animal bastante definido, que soy yo mismo, que es mi parte animal. Los jóvenes que nacen para ser sanadores ya conocen sus otras tres partes, o las conocen durante su formación.

Las cuatro partes están en el mundo al mismo tiempo y se apoyan mutuamente. Si tengo un problema que como ser humano creo que no puedo resolver, entonces me dirijo a mí mismo como animal, lo visito, lo veo y lo siento, y le pido ayuda. Lo hago especialmente cuando yo, como sanador, me enfrento a una tarea difícil que yo, como ser humano bastante estúpido, no estoy a la altura por mí mismo. Porque mi animal es mucho más inteligente y conocedor de las cuestiones de curación que yo como ser humano, y si mi deseo es sincero y en ningún caso egoísta, entonces mi animal también me ayudará. Con mi animal puedo mantener una conversación normal, pero debo tener cuidado, porque también tiende a bromear.

En algunos casos también me transformo en mi animal: me convierto en mi animal, soy mi animal, me siento como el animal y veo el mundo a través de sus ojos. Estoy entonces en el otro mundo, que sólo es accesible para el sanador y que está oculto tras el mundo ordinario. Esta transformación puede ser necesaria, por ejemplo, para buscar y encontrar un remedio para una persona que busca consejo. Esta transfor-

---

[11] En la jerga chamánica actual 'animal de poder' de 'power animal' del inglés, también planta y piedra de poder.

mación también sirve para conocernos mejor a nosotros mismos y para establecer contacto con otros animales que pueden ser de ayuda para nosotros y para los que buscan ayuda y a veces tienen un conocimiento especial. En épocas anteriores, cuando este conocimiento era común y cada pueblo tenía su propio curandero tradicional, los curanderos no ocultábamos nuestro animal y todo el mundo sabía: el animal de este curandero es un tigre, el animal de este curandero es un lobo, etc. A menudo pintábamos el animal en nuestro tambor. Sin embargo, hoy en día, cuando este conocimiento se ha perdido en gran parte del mundo, ya no se habla de él y se guarda como un secreto. Es un arte reconocer lo que debería ser un secreto y luego mantenerlo.

Con las plantas es un poco diferente. No hablan con palabras, sino con gestos. No me ayudan a través de sus conocimientos, sino que me pertenecen como una parte que me nutre, que me da fuerza, que necesito para mi energía vital y movilidad.

Por último, necesito mi parte mineral para mis poderes espirituales, para una voluntad fuerte, para mi comprensión de las cosas y para mi visión del mundo espiritual. Las piedras tampoco hablan, porque la sabiduría no puede expresarse con palabras. Tampoco hacen gestos; simplemente están ahí en su sublimidad.

Sólo cuando las cuatro partes están presentes y sanas y trabajan juntas, el ser humano está completo en su totalidad.

A veces ocurre que una persona pierde una de sus partes o que la cooperación con ella flaquea. Entonces pierde su vitalidad y se enferma. En los casos favorables, un buen curandero puede ayudarle a reencontrar la parte perdida – la mayoría de las veces se trata de su planta, o también de un mineral – para unirse a ella y lograr la armonía. Para este proceso son necesarios una serie de requisitos previos que el sanador conoce.

Habías perdido el contacto, querido hermano Satyendra, con tu parte vegetal del ser, y yo te la he devuelto. Me convertí en mi animal y busqué durante mucho tiempo, también con la ayuda de los pájaros, a tu planta. Lo has consumido, y la ingesta de algo a través de la boca, como la comida y la bebida, es una de las conexiones más íntimas con otro ser. Por lo tanto, debemos ser siempre conscientes de lo que comemos y bebemos y de cómo lo hacemos. Muchas personas toman hierbas fuertes y efectivas sin cuidado como tés o especias sin conocer su poder y propiedades, pero esto hace que las hierbas pierdan sus poderes por el uso frecuente y la mezcla sin sentido, a veces haciendo más daño que bien.

Ahora hay una nueva mala costumbre en las ciudades, traída de Arabia.[12] Se tuestan los granos de una determinada planta hasta que están casi quemados, se muele el producto y se hace una decocción con agua caliente, que se bebe a sorbos. El resultado es un estado de euforia sin ninguna causa externa. Bueno, ya sabes cómo es esto de las drogas.

No te diré tu planta con palabras, pero si sigues el camino espiritual, podrás experimentarla, verla, tomarla en tu mano y también tomártela de nuevo. También puedo reco-

---

[12] Caffea arabica L. no se introdujo en la India hasta el siglo XVIII.

nocer quién eres como animal, pero lo descubrirás por ti mismo. Guárdelo como tu secreto. «

La recepción ha terminado. Estoy profundamente avergonzado de no haber sabido nada de todo esto. Ahora debo tener cuidado en mantener la compostura y no romper a llorar de puro respeto y emoción. Qué pena que todo este conocimiento se haya perdido en nuestra sociedad moderna, que en las ciudades aparezcan como magos quienes no lo son en absoluto y aparezcan como curanderos cuando no son sanadores, sino que sólo sacan el dinero de los bolsillos de la gente.

$$*****$$

Les damos las gracias con todas las muestras de respeto y nos dirigimos a la casita para dormir allí una noche más antes de nuestra partida.

$$*****$$

¿Cómo puedo dar las gracias? Consulto con mis jóvenes compañeros y aprendo:

» Aquí somos felices y ricos porque vivimos en la naturaleza y con la naturaleza. Pero los tiempos modernos no han pasado sin dejar huella, y hay algunas cosas útiles que no podemos fabricar nosotros mismos, como las ollas, los mecheros, los clavos, los cuchillos, las hachas, la ropa de todo tipo y, a veces, las joyas. Estamos librando una dura batalla, porque no queremos que la gente de las ciudades nos dé lecciones ni nos cambie, y sin embargo nos hemos hecho dependientes en cierta medida de sus productos. Pero como no ingresamos dinero, a menudo no podemos permitirnos cosas tan útiles. Por lo tanto, sería una buena idea que nosotros tres viajáramos a la ciudad más cercana para conseguir esas cosas. «

No hay más que decir y que hacer. A la mañana siguiente salimos bien temprano y, tras dos días de viaje, llegamos a una pequeña ciudad donde podemos comprar lo que necesitamos. Alquilamos dos burros para llevar toda la carga, uno para la aldea del curandero, otro para la aldea donde llegué y donde viven mis compañeros. ¿No es todo demasiado?

Después de cuatro días − los burros son considerablemente más lentos que nuestros caballos, al fin y al cabo − volvemos a la aldea del curandero, ya nos esperan todos los aldeanos y ponemos uno de los burros a punto. No hay ninguna sensación de vergüenza, la gente está tan contenta como los niños, y es evidente que mis compañeros han elegido bien. Los niños hacen un gran ruido con las ollas, y los perros hacen el resto.

Nos invitan a una comida nocturna y nos instan a quedarnos una noche más.

La mañana siguiente nos despiden con un gran saludo, y estamos contentos de haber hecho feliz a la gente. El sanador permanece invisible.

El camino de vuelta lo cubrimos a marchas forzadas en un solo día, llegamos tarde por la noche y nos acostamos agotados. La alegría de los habitantes por las cosas que hemos traído es tan grande como en la aldea del curandero, y ahora es el momento de despedirme.

Invito a mis dos compañeros a venir conmigo y les ofrezco mi hospitalidad. Llevamos bastante tiempo juntos, tuvimos mucho tiempo para conocernos mejor, y tengo la idea tácita de que podrían encajar con nosotros en la comunidad agrícola.

Me preguntan si vivo en la ciudad, pero al asegurarles que vivo en una granja en el campo, se sienten tranquilos. Sin embargo, rechazan la oferta, porque les necesitan en su pueblo y no están preparados para un viaje así en este momento. Como llevo un mapa, les muestro el camino a nuestra granja y les aseguro que serán bienvenidos en cualquier momento. La despedida está acompañada de sentimientos amistosos y de nostalgia.

Necesito seis días de viaje, aunque normalmente el camino de vuelta resulta más corto que el de ida.

15. El elefante

Me espera mucho trabajo en casa. Ganesh y Deyla y todos los demás han hecho bien su trabajo, y me alegro de haber podido estar fuera tanto tiempo. A veces Ganesh no estaba seguro de si sus decisiones y sus respuestas a los mensajes habían sido acordes a mi sentido, pero en general estoy de acuerdo con todo, y él sabe que no miento. También le expreso mi confianza para el futuro con la esperanza de que siga ocupándose de los asuntos del gobierno y de que yo pueda dedicarme a mis nuevos intereses.

Un grupo de personas con un elefante en el centro se acerca a la granja con música y cantos. Todos están vestidos de fiesta y el elefante también está decorado festivamente. Es un regalo para mí como príncipe, el mahout está incluido, y estoy sorprendido y emocionado. Me pongo rápidamente mis mejores galas y, antes de darme cuenta, estoy sentado en el elefante. La gente baila a nuestro alrededor y el ambiente es de lo más alegre.

Deyla está completamente fuera de sí. Se acerca al elefante corriendo, baila y canta, es examinada por el elefante con su trompa y levantada hacia mí con un impulso. Más tarde me enteré de que Dajeela se sentaba a menudo en elefantes en sus años de juventud, ya que su tío posee una granja de elefantes. Incluso bailó una vez sobre un elefante cuando era niña. Ahora Deyla se sienta en el elefante conmigo y la abrazo delante de todos y la quiero de verdad. Espero que Ganesh no esté celoso. Entonces el elefante también levanta al pequeño oso Baloo hasta nosotros; Baloo se sienta delante de Deyla y ahora toda la familia está unida sentada en el elefante.

A toda prisa se trae todo lo que es tangible como mesas y sillas, bancos y alfombras, y se celebra una gran fiesta. Pocas veces ha habido tanto ajetreo y alegría en nuestra granja. Deyla canta y baila y atrae a todos los demás a bailar y cantar. Ganesh se muestra en toda su dignidad como mariscal de la corte.

El elefante y su mahout se quedarán con nosotros, y nos encargaremos de que siempre haya suficiente alimento. Mantendremos a ambos en el honor, de vez en cuando me mostraré en el elefante y Deyla tendrá su alegría con él. También entiendo el regalo como un estímulo para seguir cumpliendo mis deberes como soberano.

*****

Un día entro en una conversación con el mahout. La profesión de mahout tiene una larga tradición en su familia. Pero no siempre es así, porque ¿qué mujer quiere vivir con un hombre que siempre se acuesta con su elefante? Así que la mayoría de los mahout siguen estando solteros. Pero ahora también hay jóvenes que se hacen llamar mahout pero que en realidad no viven con sus elefantes. Así se violan las viejas costumbres y se pierde la comprensión y el respeto por los elefantes. Como los elefantes que mantenemos individualmente ya no viven en manada en la naturaleza como sus antepasados, ya no están en familia, necesitan mucho amor y afecto de los humanos, porque si no enferman, y sólo un verdadero mahout puede darles esta cercanía y afecto.

Los verdaderos mahout no ganan dinero. El propietario del elefante, normalmente rico, paga todo lo que necesitan el mahout y el elefante. Si el elefante muere y el mahout no puede hacerse cargo de otro elefante, el propietario sigue manteniendo al mahout para que no tenga que preocuparse por su futuro.

Mi mahout espera continuar con su tradición familiar y quizás encontrar una joven entre los muchos visitantes de la granja que esté dispuesta a compartir esta extraña vida con él y el elefante.

16. Tambor y Oso.

No puedo quitarme de la cabeza al sanador que visité. ¿Tendría yo, sin las habilidades y la formación, capacidades para ser un sanador, capaz de replicar su ritual? ¿Sería capaz de tocar el tambor yo mismo?

El hermano de Deyla me consigue un DAF [13] hecho de una hermosa madera con una piel de cabra que se pueda volver a estirar fácilmente. Me hago un mazo de una vara de bambú con una cabeza de algodón y cuero, que no sea demasiado blanda ni demasiado dura. [14]

Saludo al tambor acariciándolo, nombrándolo y frotándolo con un aceite que suelo usar en mi piel. Sentado en una alfombra, adopto una postura cómoda en el asiento de yoga y comienzo a batir el DAF. Me resulta fácil crear un ritmo constante durante un largo periodo de tiempo, sin aumentar ni disminuir el volumen, sin acelerar ni ralentizar. Aquí es donde mis conocimientos de interpretación de tabla son útiles. El tambor empieza a resonar consigo mismo y con el aire de la habitación, y empieza a cantar. Al cabo de un rato, entro en un estado de meditación, pero no conduce más que a un ligero trance. Sin embargo, no me rindo y decido practicar muchas veces más.

Tras una docena de intentos, noto cómo el trance se profundiza lentamente y veo las primeras imágenes. Es muy importante la sensación de no ser molestado. Como no avanzo después de otra docena de intentos, le pido a Deyla

---

[13] tambor de marco, similar a una pandereta, pero sin cascabeles
[14] normalmente el Daf se golpea con los dedos.

que me ayude. Le explico mi intención y, en la medida de lo posible, mi motivación, y ella acepta de buen grado. Mientras tanto, se reúne conmigo de forma imparcial.

Le pido que ella toque el DAF en vez de hacerlo yo para poder relajarme y concentrarme mejor. Las cosas van mejor ahora y veo imágenes más claras, pero sólo son escenas cortas. Una vez me veo en un barco con Dajeela, pero la imagen pronto desaparece. En otra ocasión me veo recogiendo hierbas en un desierto. Así también una vez me veo en un rayo de sol, en el que todo el conocimiento de este mundo está a mi disposición.

Estas pequeñas visiones son alentadoras y quiero continuar, y Deyla está pacientemente dispuesta a seguir ayudando. Poco a poco, surgen escenas algo más largas – junto a un montón de desorden – y empiezo a contarle a Deyla lo que estoy viendo. Esto parece reforzar mis impresiones. En un momento dado tengo el sabor en la lengua de la hojita verde que me dio el curandero, y frente a mí veo un arbusto alto con hojas verdes, inclinándose, parece, hacia mí. Arranco una hojita y me la meto en la boca, y sabe igual que antes.

¿He encontrado mi parte de hierbas? Intento dar las gracias a la planta con palabras, pero parece que no le importan mucho las palabras, así que me inclino ante ella y hago un gesto con las manos hacia el cielo y delante del pecho en señal de agradecimiento. La planta parece sonreír y me despido sin palabras con la sensación de haber sido ricamente bendecido y fortalecido.

En las noches siguientes sueño con la planta, y siento que mi poder para hacer planes aumenta, y tomo una resolución firme, sólo que aún no sé a qué. –

Quiero saber si la planta existe realmente. Busco en el jardín y en los campos, pero no la encuentro. Tampoco lo encuentro en los libros de mi padre.

¿La adivina? También es conocida como herbolarista. La visito y le describo la planta que he visto. Supone que es Ginseng por la forma de las hojas, pero no está segura. El efecto del Ginseng está en la raíz, no en las hojas. Así que la pregunta sigue abierta. Mi curiosidad parece estar fuera de sazón; debería estar feliz de poder visitar mi planta, una parte de mí, y sentir su poder dentro de mí.

Me reúno con Deyla tres veces a la semana, parece que le gusta vencer al DAF y ayudarme con mis viajes, y comparto libremente con ella mis deseos, mis experiencias y mis pensamientos. A pesar de lo amable y accesible que es conmigo, habla poco de sí misma.

La granja acepta estos extraños encuentros, aunque sólo sea por respeto al señor. Ganesh parece estar bien con todo esto, ya que tiene bastante que hacer y por lo demás vive en armonía con Deyla. Los buenos amigos de verdad no se echan nada en cara. Ganesh se encarga de que no nos molesten durante nuestros rituales.

*****

Mis visiones se van haciendo poco a poco más claras, más nítidas. Hasta ahora he encontrado mi parte vegetal, pero

¿qué pasa con mi parte animal, y mi parte mineral? No tengo que esperar mucho tiempo y me experimento como un oso. Con toda su fuerza, su calma, su certeza, y con su hambre eterna. Soy un oso, sé exactamente lo que se siente al ser un oso, al percibir las trampas, al tener un débil recuerdo de dormir en la estación de las lluvias, al buscar una osa, saber qué sabor tienen las hormigas.

*****

Pero la calma se acaba pronto. Aparece un compañero oso, tan grande y fuerte como yo, nos amenazamos y caemos el uno sobre el otro. Nos peleamos hasta que los jirones vuelan, y eso se toma bastante literalmente, porque los osos de este país tenemos un pelaje maravilloso y esponjoso, que siempre se ve un poco despeinado. Así que nuestra lana vuela en jirones. Luchamos sin saber por qué en realidad, y finalmente nos quedamos sin aliento. Luego nos soltamos, apenas nos duele, se acaba el saludo un tanto animado y el rival abandona el claro.

Mientras me siento como un oso, sí, soy un oso, al mismo tiempo sé qué otra parte de mí es Satyendra, el ser humano, y que puedo filosofar sobre cómo todo esto está conectado. ¿Cómo puedo pensar en el Satyendra humano mientras soy un oso? ¿Puedo volver a mi ser humano? ¿Y qué tendría que hacer para ello? ¿Es Satyendra un ser humano cualquiera entre muchos, o uno muy específico y distintivo? ¿Existe realmente en el mundo en el que vivo como un oso, o es sólo una figura de fantasía, un ser espiritual intangible? No puedo hablar con nadie de esto porque los osos somos solitarios y vemos a nuestros hermanos como

67

competidores. En nuestro mundo ordinario, nos enemistamos con los humanos porque no les gustamos y a menudo nos atacan y matan, aunque no hacemos daño a nadie y vivimos principalmente de insectos y frutas. [15] Además, no atacamos a las ovejas como nuestros parientes de otras regiones del mundo. Sin embargo, como solemos reconocer a los humanos demasiado tarde cuando se acercan a nosotros, porque somos miopes, podemos asustarnos terriblemente, y entonces se acaba la diversión para nosotros y para ellos.

No pretendo que nosotros los osos lo hagamos todo bien. Como vivimos principalmente de insectos, tenemos la mala costumbre de comernos a las abejas junto la miel y cuánto lo disfrutamos, es como estar en el cielo. !Las abejas son las que colectan la miel! Muy poco razonable.

Además, nuestra irascibilidad no es una buena cualidad. Como resultado, vivimos en constante enemistad con los seres humanos, y no logramos conciliar una convivencia pacífica.

*****

Como oso no consigo sentirme como un hombre al mismo tiempo. Sólo mis pensamientos me permiten saber que también tengo esta parte humana, de la que, sin embargo, sólo reconozco vagamente qué tipo de naturaleza tiene. En cualquier caso, el hombre en general parece ser egoísta, siempre pensando en sí mismo, y bien no conoce a las otras tres partes de sí mismo, o como mucho nos considera accesorios

---

[15] Al parecer, se trata del oso perezoso, Melursus ursinus, que vive en toda la India y en Sri Lanka.

útiles. El propio Satyendra, a diferencia de muchos de su clase, parece estar en un mejor camino, en el sentido de que al menos tiene una idea de las cualidades y habilidades especiales que tenemos nosotros tres y que él no tiene, y que sólo juntos todos los cuatros formamos una unidad significativa y completa. ¿Qué puedo hacer por él? ¿Cómo piensa en mí cuando se experimenta como ser humano?

Todos estos pensamientos y preguntas son nuevos para mí, y me parece que nosotros, mi parte humana y yo oso, hemos entrado por primera vez en una conexión bastante inusual entre ambos a nivel consciente, mientras que normalmente siempre estamos conectados entre nosotros espiritualmente, pero de forma inconsciente, y somos una totalidad con la planta y el mineral. Entonces, también me gustaría saber si de vez en cuando puedo sentirme como nuestra planta en un momento y como nuestro mineral en otro.

¡Ahora quiero sentirme como nuestra parte humana! Me siento sobre mi extremo trasero y mis patas traseras, tamborileo en el suelo con mis patas delanteras, y ... ... soy el Satyendra humano.

*****

Yo, Satyendra, he regresado a mi ser humano. Me alegro de haber conocido ya dos de mis otras partes no humanas, al menos un poco. Han surgido muchas preguntas y pocas respuestas. Ahora sólo falta mi parte mineral. No le pedí nada al oso, no le pedí ayuda, como mencionó el sanador, porque no tenía ninguna distancia con él, que podría haber sido ne-

cesaria para pedirle algo. Porque yo mismo me había convertido en él.

17. Seres Humanos

El último viaje con el tambor ha sido agotador, y por el
momento me tomo un descanso de dos semanas. Se lo cuento todo a Deyla con todo lujo de detalles, y se queda tan sor-
prendida y pensativa como yo. Le da un poco de pena que
sólo yo tenga esas experiencias y a ella también le hubiera
gustado viajar. Le prometo que lo compensaremos. En nuestras conversaciones, a menudo me dirijo a ella accidental-
mente como Dajeela, y obviamente le gusta oírlo.

Al cabo de dos semanas, se me acumulan tantas preguntas que le pido a Deyla que vuelva a hacer un viaje. No me
gusta volver a convertirme otra vez en el oso, sino que quiero encontrarme con él para hacerle preguntas, estando presente como humano al mismo tiempo.

Sólo tengo un éxito parcial en esto. Puedo ver al oso
frente a mí, pero ya no puedo verme como humano, pero
puedo hablar con el oso.

» Querido oso, tengo una pregunta. Eres una parte de
mí, eres esto como un oso muy específico, muy individual.
¿O eres esto como cualquier representante de tu especie? «

» Soy yo personalmente, además me ofende un poco
que no me reconozcas como individuo. Pero sólo un poco,
no te preocupes. Nosotros, los animales, como partes
del cuádruplo, somos individuos, igual que vosotros, los
humanos, os sentís individuos, con vuestra propia voluntad y

70

vuestra propia conciencia del Yo. Es diferente con las plantas; por ejemplo, las hojas de tu Jiaogulan [16] funcionan igual como medicina en principio de cualquiera de estas plantas. Las plantas tampoco hablan; el conocimiento no es su tarea; su tarea es proporcionar fuerza y energía vital. La peculiaridad de las plantas radica en que en cada cuádruplo está representada una especie particular de planta que da un carácter especial a ese cuádruplo, y por tanto también a ti, querido Satyendra. «

¡Jiaogulan! ¡El oso sabe el nombre de mi planta! No sé mucho sobre el tema, sólo he oído hablar de él una vez. Me ocuparé de ello de inmediato.

» ¿Así que no puedo hablar con mi planta? «

» No. A lo sumo, te recibe con gestos, por ejemplo, al juntar dos hojas como hacemos nosotros los humanos en señal de saludo. O se inclina ante ti. Todo esto es tan sutil que apenas se ve. Pero ella no habla. Esa no es su naturaleza. Hablar es lo que hacemos los animales, y nos gusta hablar mucho cuando nos encontramos con una persona que nos escucha, lo cual es muy raro. Algunos incluso nos llaman parlanchines, pero no estoy en absoluto de acuerdo con eso aplicado a nosotros los osos: parlanchines son los pájaros, especialmente los gorriones; hablan todo el día, aunque no haya nada que decir. Con nosotros, los osos, sólo hay que tener cui-

---

[16] Jiaogulan, Gynostemma pentaphyllum, hierba de la inmortalidad, 絞股藍 chino, planta índigo de rango, corona de mujer de cinco hojas.

dado, porque nos gusta hacer bromas estúpidas y nos alegramos mucho cuando no se descubren.

Nosotros animales tenemos muchos conocimientos, y estaría bien que los humanos los compartieran. También conocemos los caminos para que encuentres la curación, en el sentido físico, en el sentido espiritual y también en el sentido social. ¡Si nos preguntaran a nosotros!

Pero la mayoría de la gente ya ni siquiera sabe que existimos – esto también se refiere a las plantas y a las piedras como parte de su cuaternidad – y muchas personas han perdido todo contacto con sus otras tres partes; viven como si estas tres partes no existieran en absoluto y se vuelven egoístas y materialistas, ya no pueden vivir en el presente y no conocen su tarea.

Luego inventan cosas que no podemos entender en absoluto, el dinero, por ejemplo. No puedes comer dinero, no puedes vivir en él cuando hace frío, no puedes vestirte con él, no puedes hacer música con él y no puedes usarlo para curarte. Sin embargo, la valía de una persona se mide por la cantidad de dinero que tiene, por lo que sólo se ocupan de acumular dinero, y cuando ya tienen mucho en un montón, quieren aún más dinero. [17] Sin embargo, no crece en ninguna parte, por lo que no entendemos qué pasa. «

» ¿Has dicho 'MÚSICA'? «

---

[17] Ya en la Biblia hay muchas quejas sobre lo mucho que la gente depende del dinero.

» Sí, la música. A los osos nos gusta mucho la música, pero somos demasiado torpes para tocarla nosotros mismos. Ustedes, los humanos, nos superan en eso. Si se celebra una fiesta en algún lugar con música, nosotros osos no estaremos lejos.

Como la gente ha perdido sus pieles, se crean pieles artificiales a las que llaman ropa. Pero no sólo las utilizan para protegerse del frío y de la lluvia, sino también como decoración, a menudo con aspecto de loros, a veces de pingüinos y otras de espantapájaros. Los osos no necesitamos ropa ni joyas, porque tenemos este maravilloso pelaje que nos protege y decora. Sólo tenemos que mantenerlo limpio, lo que a veces es un poco difícil cuando nos hemos derramado miel encima. «

» ¿Eran los humanos diferentes en los viejos tiempos, y cómo llegó a cambiar tanto? «

» Sí, por supuesto. En un tiempo pasado, los humanos estaban al tanto de sus otras tres partes y podían ponerse en contacto con ellas en cualquier momento. Eso fue en la época en que los humanos eran clarividente, podían incluso ver el pasado y el futuro, y podían comunicarse sin palabras, incluso a grandes distancias. Hoy en día sólo hay unos pocos curanderos que han conservado estos conocimientos y estas habilidades.

Usted pregunta por qué ha cambiado esto. Ahí se llega a uno de los puntos donde nuestro conocimiento, el conocimiento de los animales, ha terminado. Sabemos muchas cosas, incluso sobre lugares lejanos en los que nunca hemos estado, incluso sobre acontecimientos pasados que nunca hemos vivido nosotros mismos, pero a menudo no podemos responder a las preguntas de por qué. Tal vez no haya un Por qué en absoluto. «

Has hablado de las plantas; » ¿Qué de los minerales? «

» Los minerales son la sabiduría formada en la piedra. No hablan, descansan en sí mismos, están serenos. Aceptan todo como es y como sucede. Si se derriten por una erupción volcánica, lo aceptan; si el mar los muele en redondo, lo aceptan; si el viento los arrastra en arena, lo aceptan. Al mismo tiempo son alegría y belleza. Forman las montañas imponentes, y se reposan dentro de la tierra en los colores y formas más bellas como piedras preciosas. Pero no tienen orgullo, y no tienen necesidad de presentarse como lo hace el noble árbol de teca, o como lo hacen las vanas flores. No tienen ego. Por eso, a las piedras preciosas les basta con vivir ocultas, y no les gusta que los hombres las desentierren, las pulan y las exhiban con altivez. El orgullo está totalmente alejado de las piedras, al igual que la ira, los celos y el miedo. Si perdemos la parte mineral en nuestra cuadrisfera, perdemos el sentido de la belleza y de la armonía y nos volvemos inquietos, nerviosos y sin rumbo.

En la evolución de la vida en la Tierra, los minerales fueron los primeros y, por tanto, tienen un profundo conocimiento de la formación y la majestuosidad del universo. Originalmente también eran líquidos y sólo más tarde adoptaron una forma sólida. Al principio de nuestra evolución, no éramos más que minerales. Los minerales viven en todo lo que surgió después de ellos, es decir, en las plantas, los

74

animales y los seres humanos[18], y dan a todos ellos una medida de sabiduría. Sin embargo, a causa del orgullo de los humanos, ellos han perdido el sentido de la sabiduría; sólo se encuentran restos en unas pocas personas, y éstas se reconocen por su forma de vida sencilla. Los demás han perdido el acceso a su sabiduría – aunque todavía la llevan dentro – al creer que es el intelecto lo que los eleva por encima de todos los demás seres vivos y los convierte en la 'corona de la creación'. ¡Qué arrogancia!

Los humanos son los más estúpidos de las cuatro formas de vida, ya que se creen los más inteligentes. Se puede ver su locura por el hecho de que destruyen todo lo que viven a la vista de todos. Han arado la tierra y la están despojando de su vestimenta vegetal y de su fertilidad, están desbrozando los bosques en los que vivimos y que son tan importantes para toda la vida, y están arrojando toda su basura al agua para que ya no sea un placer para nosotros osos bañarnos en ella. Nosotros osos somos muy buenos y apasionados nadadores, a diferencia de los chimpancés, que se detuvieron a mitad de camino de la invención del hombre·y no saben nadar; eso es simplemente ridículo.

---

[18] Rumi (1207-1273), fundador de la orden sufí Mevleví: "Primero fuiste mineral, luego vegetal, luego animal y luego humano. Te convertirás en un ángel, y hasta eso dejarás atrás. Hay otras mil formas de existencia que te esperan. Lo que no puedes imaginar, lo serás". Yalal ad-Din Muhammad Rumi, Wikipedia

Podría importarnos menos lo que hace la gente si no nos causara también a los animales y a las plantas tanto sufrimiento, tanto que pronto no podremos vivir aquí en absoluto. –

Querido Satyendra, estoy muy contento de que me hayas escuchado con tanta atención, pero ni siquiera tú vas a poder detener este cambio. El ser humano es un error de la creación, para nuestra desgracia. Y muchas gracias a Dajeela por ayudarte en tus viajes. «

18. Deyla

Ahora, después de todas estas hermosas experiencias, todavía no tengo ninguna respuesta sobre cómo ayudar a mi querida Dajeela / Deyla a salir de su tristeza. Aunque ella es tratada con cariño en la corte, por mi madre, mi hermana menor, Ganesh y yo, por su familia, sus padres, su hermano, aunque Dajeela puede ser ella misma en buena medida en el cuerpo de Deyla, la tristeza no ha desaparecido de ella. Sólo cuando se sienta sobre el elefante con Baloo es feliz. El pequeño oso Baloo la llama Leela, nombre que los demás hemos adoptado.

Que el alma de Dajeela vive en Deyla ya es de dominio público. Sólo que los padres de Dajeela no quieren saberlo. Los padres de Deyla siguen viendo a ésta como su hija a pesar de su extraño comportamiento y aceptan a Ganesh como su futuro yerno.

Decido preguntarle al oso. Como sólo estoy hablando con el oso en mi visión y no con mi boca, Dajeela no se dará cuenta.

» Mi querido oso, espero que no sea demasiado para ti si te vuelvo a pedir algo. «

» Mi querido Satyendra, nunca es demasiado para mí si tus preguntas son sinceras y salen del corazón. Sí, considero que es mi propio deber ayudarte, porque soy una parte de ti y tú eres una parte de mí. Lo mismo ocurrirá con tu Jiaogulan y tu Oro, aunque no hablen, pero te dan fuerza y sabiduría.

Sí, es muy bueno que os guste tanto Deyla. Ella también debe buscar la conexión con sus otras partes. ¿Aún no te has dado cuenta? ¿Qué eres tan egoísta, Satyendra? «

» ¿Podemos usar el mismo tambor? «

» No, el tambor es algo muy personal, deberías saberlo, y que Deyla pueda tocarlo por ti está bien dentro de lo que cabe. Pero Deyla debería tener su propio tambor si quiere hacer sus propios viajes, y acogerlo de forma adecuada. «

Me avergüenzo de mi falta de sensibilidad y tendré mucho que aprender.

*****

Tengo la impresión de que Deyla se está impacientando un poco con nuestros viajes con el tambor, e intento cuidadosamente que escuche los consejos de mi oso. Nunca habíamos pensado en ello. Deyla actúa con incomprensión, como si no entendiera en absoluto de qué estoy hablando. ¿Qué pasa?

Por la noche, me entero por Ganesh de que Deyla está embarazada y que ambos planean casarse en la ciudad, en casa de los padres de Deyla, en los próximos días. Esto es, como mínimo, una sorpresa. Me encierro, me tomo un vaso de vino y lloro. Ahora bien, ¿es esto una solución, una redención o qué otra cosa es?

Deyla apenas responde, Ganesh se desvive por sus asuntos de gobierno y yo me tambaleo. Al mismo tiempo, la salud de mi madre está empeorando. Todos estamos muy preocupados por ella, y tememos que muera pronto. Me siento abandonado. Mi padre ha muerto y es venerado en el norte, mi hermana mayor gobierna en el norte, mi hermana menor tiene sus tareas en la casa, mi esposa sigue viviendo en Deyla, y mi mejor amigo Ganesh quiere casarse con Deyla. Así que mi dignidad principesca me sirve de poco. Uno puede sentirse muy solo como gobernante de un gran país. Sólo el pequeño oso Baloo es siempre alegre y está ahí para todos.

*****

¿Oro? ¿Dijo 'Oro'? ¿Es ese mi mineral? ¿Lo soy yo? Siempre he tenido una relación ambivalente con el Oro. Por un lado, me encanta por su pureza y belleza, por su color y brillo, por otro lado, me molesta que lo utilicen como si fuera incluso mejor que el dinero, y me molesta que la gente quiera realzarse con él, utilizándolo como decoración. ¿Qué culpa tiene el pobre oro de todo esto? –

Ahora tengo mucho que hacer: Explorar Jiaogulan, conseguir Oro puro, investigar la cuestión de dónde fue el alma de Deyla cuando dejó el cuerpo de Deyla para dar paso al alma de Dajeela, ver si puedo estar de acuerdo con todo lo que hace Ganesh. Ganesh es estricto y decisivo, pero no es universalmente querido. Y lo más importante, ¿Cómo puedo ayudar a Leela a salir de su tristeza? Ahora, después de todas estas experiencias, todavía no he obtenido una respuesta a esa pregunta. ¿Quizá una de las respuestas esté en el Jiaogulan y en el Oro?

*****

Se me ocurre una idea muy sencilla, y me sorprende no haberla tenido antes, ya que el conocimiento sobre la reencarnación es de dominio público entre nosotros: El alma de Deyla se ha separado de su cuerpo tras la aparente muerte de Deyla y ha entrado en el más allá con total normalidad, como cualquier otra alma cuando el cuerpo muere, se encuentra con amigos y consejeros allí, pronto tendrá que responder ante el consejo de los grandes maestros, planificará su próxima vida con la ayuda de sus amigos y consejeros y volverá a renacer. PRONTO.

¿Por qué me viene a la cabeza el pensamiento PRONTO? Tal vez porque me recuerda la muerte de Dajeela. Dajeela murió, y Deyla murió, ambas almas renacerán 'Pronto'. Eso no sería nada especial.

19. Jiaogulan

El Jiaogulan debe ser algo muy especial; no cualquier hierba, no cualquier planta medicinal, sino algo muy excepcional. Además, Jiaogulan es una parte de mí.

Al principio nadie sabe nada al respecto. Entonces me encuentro con personas mayores que han oído hablar de ella y me remiten a otro pueblo. Allí hablo con un curandero que me aconseja buscar la hierba en el desierto. Pero ¿cómo voy a reconocerla? En uno de los viajes anteriores con el tambor y con Deyla, había visto la planta una vez, pero no lo recuerdo muy bien. Así que me pongo a meditar y trato de ver la planta con más claridad. Sin embargo, adopta diferentes formas, una vez con flores, otra sin ellas, una vez imponentemente grande, otra pequeña: ¿quiere engañarme o esconderse de mí? ¿Qué debo buscar? ¿Y dónde? ¡Pues así no funciona!

Oigo una voz interior que me dice: » ¡Pregúntales a los chinos! « Esto es obvio, porque el nombre 'Jiaogulan' es evidentemente chino. Me entero de que hay un chino viviendo en nuestra zona. Tras una larga búsqueda, lo localizo e inmediatamente conozco a toda una familia. Me dan la bienvenida con sus habituales y extensos gestos y palabras, y trato de no alejarme demasiado de las cortesías a las que estoy acostumbrado.

Mientras bebemos té durante un largo rato, intercambiamos las noticias habituales, en parte en chino, que no entiendo, en parte en una mezcla de nuestros dialectos habituales. El padre, la madre y los hijos me dicen también sus nombres, que no entiendo ni puedo pronunciar, así como sus edades, que me parecen diez veces superiores a las que calculo. Tal vez cuenten en lunas y no en años.

Finalmente hago mi petición, probablemente demasiado pronto, lo aceptan con gran alegría, muchas risas y aplausos por parte de todos. El padre me lleva al jardín, su mujer y sus hijos le siguen. Allí nos espera, entre otras muchas plantas, un magnífico lecho de plantas de Jiaogulan, más jóvenes y viejas, más grandes y más pequeñas. Algunos crecen en el suelo, otras en macetas, algunas brotan en tarros en el agua.

Las extensas explicaciones del padre, siempre acompañadas de ansiosos asentimientos de las cabezas de los demás, las entiendo, sólo en parte. Cuando hago preguntas específicas, va un poco mejor. Aprendo que no es difícil cultivar Jiaogulan si se siguen algunas reglas. Lo memorizo todo y me invitan a tomar una comida de arroz y tofu, ensalada de hierbas locales y Jiaogulan. No podría haber quedado más satisfecho.

Como regalo de despedida me dan una pequeña maceta con una planta de Jiaogulan y me meto en un gran problema sobre con qué tipo de regalo puedo darles las gracias. Tampoco llevo nada más conmigo para poder elegir. O, a la inversa, preguntémonos: ¿Qué podría ser lo que les diera alegría a estas personas? Recuerdo mis habilidades como músico de tabla, busco algo que sea adecuado como tambor y encuentro algo parecido a un DAF, me siento en consecuencia y toco mis mejores ritmos ante esta gente asombrada, y lo consigo ejecutar bastante bien. Toda la familia está encantada, los niños siguen tamborileando sobre las mesas y los bancos, nos colmamos todos de agradecimientos mutuos y siento que no debo tener mala conciencia. A esta gente querida le hubiera gustado mantenerme allí. Por supuesto, les enviaré un bonito regalo para tocar, probablemente para los niños.

Cuando llego a casa, busco el lugar más bonito para la planta, me siento frente a ella y empático con ella durante una hora. No habla, pero tengo pensamientos que parecen venir de ella. Sus cualidades son la fuerza, la perseverancia, la decisión, la voluntad de asumir riesgos, el no aferrarse a lo establecido, el deseo de cambio. Yo había perdido estas cualidades, las fuerzas opuestas se habían apoderado de mí, tal vez a través de hábitos erróneos, una dieta equivocada, amigos equivocados o cosas por el estilo. Sin embargo, gracias al sanador y al consumo de una pequeña hoja, ya he recuperado algunas de estas habilidades.

Comer las hojas de Jiaogulan en forma de ensalada es común en China, es para la mayoría de la gente sólo un sabroso vegetal y quizás un alimento útil o incluso una hierba medicinal. Pero para los pocos que tienen el Jiaogulan como uno de sus cuatro elementos básicos, el consumo de grandes cantidades extingue las propiedades especiales mencionadas con anterioridad a largo plazo. Yo soy uno de esos pocos, y puede que nos hayamos equivocado, la familia china sin saberlo, claro. ¿Qué hacer ahora? –

La plantita que me regalaron la puedo propagar casi a voluntad, me han dado las instrucciones para ello, sin embargo, sólo la cultivaré hasta que me pueda servir como una medicina muy especial, a menos que venga alguien que tenga la misma planta como su cuota de hierbas. No será fácil saberlo, porque la mayoría de la gente no sabe nada de estas cosas. Por lo tanto, le pido a mi Jiaogulan que me dé una señal si ese es el caso.

Ahora me siento todos los días frente a la planta en silencio meditativo, para conocerla – a mí mismo – cada vez mejor.

20. El Oro

Se me presenta un mundo lleno de misterios, del que no tenía ni la menor idea. Ahora he llegado a conocer un poco mi porción animal y mi porción vegetal, pero ¿qué hay de mi oro? Mi oso piensa que la mayor parte del oro en uso está contaminada por los numerosos procesos a los que el ser humano lo ha sometido para su purificación y procesamiento, y no es apto para mis fines.

Ahora se hace difícil, porque en nuestro país apenas hay yacimientos de oro. Eso es un poco incomprensible, porque en los templos antiguos se encuentran enormes estatuas de oro y nadie sabe de dónde salió todo ese oro.

Le pido a mi oso. Me lleva a la biblioteca de mi padre y me enseña un viejo mapa con pequeñas marcas con nuestro signo de escritura para el oro.[19] ¿Por qué no visita uno de estos lugares? Mi oso me muestra uno de estos lugares y me pongo en marcha.

Después de tres días llego a un lugar con montones de tierra y escombros, vigas de madera, carretillas y herramientas, pequeñas chozas y puntos de agua. ¿Una excavación? Se pueden ver algunos trabajadores que caminan agachados,

---

[19] En la India, hoy en día, 2021, no hay grandes depósitos de oro que merezcan ser explotados a gran escala. De hecho, se desconoce el origen de los tesoros de oro de los templos, aunque por supuesto hay muchas teorías al respecto.

llenos de barro, y uno que está mejor vestido, por lo que probablemente sea el jefe. Me dirijo a él y le formulo mi petición. No entiende muy bien de qué se trata y me dice que es imposible sustraer una pieza de oro, ya que los trabajadores tienen instrucciones estrictas de no sacar nada de contrabando. De todos modos, las piezas de oro puro son muy raras, y tendría que conformarme con un pequeño grano de oro en el mejor de los casos. Hay una gran escasez de trabajadores en la obra, ya que el trabajo es muy duro y el propietario de la mina les paga mal.

Así que, si quiero, puede contratarme como trabajador y ya veremos. Creo que se da cuenta de que soy joven y fuerte. Sin embargo, primero tendría que realizar un curso de formación de dos semanas, ya que el trabajo es ¿? muy exigente, difícil y peligroso, y ellos decidirían si soy ¿? apto para el trabajo.

Estoy de acuerdo, desensillo mi caballo y me preparo para quedarme allí. Al ver que estoy decidido a aceptar el trabajo, el jefe entra en razón y me conduce a una de las cabañas, que está custodiada por perros de aspecto enfadado. Está oscuro en la cabaña, así que al principio no puedo ver nada; sin embargo, después de un rato, mis ojos se adaptan un poco y el jefe enciende una vela. El jefe me mira todavía un poco escéptico, abre torpemente un cofre y me muestra unos granos de oro.

» Esto es oro puro, tal como lo encontramos, sin tratar, tal como tú lo deseas. La mayoría de las veces sólo encontramos polvo de oro en la arcilla, que tenemos que lavar laboriosamente. Si trabajas diligentemente con nosotros durante dos meses después de tu periodo de prueba, puedes ganar suficiente dinero para comprar un grano de oro como este. «

Afortunadamente, había llevado suficiente dinero en mi expedición, y dos de las monedas eran incluso de oro, por si acaso nuestro dinero no fuera válido en el lugar al que íbamos. Le pregunto al jefe por el precio de un grano de oro, y me informa que es el equivalente al salario de dos meses de trabajo. Le ofrezco una de las monedas, parece ansioso, pero finge que es demasiado poco, finalmente acepta generosamente el intercambio y cambiamos oro por oro.

Le doy las gracias, recojo mis cosas, ensillo mi caballo y me alejo tan rápido como puedo. Nadie podrá atraparme, porque mi caballo es rápido.

*****

Cuando llegué a casa, miré el grano de oro y lo sentí por todos los lados. Decidí llevarlo siempre conmigo para que no se perdiera y, sobre todo, para estar siempre en contacto con él. Pero primero me siento frente al grano de oro y me pongo a meditar con él. Me ayudará a tomar buenas decisiones en función de mí mismo y del mundo. Me ayudará a estar tranquilo y a mirar los acontecimientos con distancia. Me impedirá ir por caminos que conducen a la infelicidad. Complementa maravillosamente mi Jiaogulan.

Ahora tengo todas mis partes juntas. Debo confesar, sin embargo, que sigo viendo el mundo en el que me encuentro con mi oso como algo irreal, sólo visible en la visión, mientras que tengo mi planta y mi mineral 'realmente', es decir, en nuestro mundo humano. ¿Podré conocer a mi oso también en nuestro mundo humano? Se lo preguntaré

Todavía hay más cosas que explorar: ¿Puedo transformarme en mi planta, en mi Jiaogulan, sentir, experimentar y saber lo que se siente al ser Jiaogulan? Si consigo sentirme como mi planta, ¿sabré que mi parte humana es Satyendra? ¿Podré volver a mi ser humano sin ningún problema?

¿Y lo mismo para mi oro? ¿Será exactamente como esto, como esto, o completamente diferente? ¡Un gran número de tareas de investigación! ¿Estoy llamado a redescubrir cosas que antes eran puramente evidentes, pero que se han perdido? ¿Estas cosas, aunque enterradas y olvidadas, se conservan sin cambios, esperando volver a ser conscientes, a ser conocidas de nuevo?

¿O hay buenas razones para que estas cosas se hayan olvidado y para que este mundo sea como es? Cuanto más conocemos el mundo visible, más olvidamos el invisible.

Parte III. El Sanscritor

21. La Inundación

El agua cae del cielo en grandes cantidades. Al mismo tiempo, sopla un fuerte viento y poderosas inundaciones asolan todo el país.

El agua barre todo lo que no está firmemente arraigado en la tierra. El agua se lleva: arbustos, ramas y hojas, made-
86

ra de todas las formas, árboles pequeños, animales pequeños y grandes, muebles, nuestras numerosas casitas que habíamos construido para los invitados, paños y ropa, zapatos y vajilla, en fin, todo lo que antes existía en nuestra granja y sus alrededores. Y grandes cantidades de barro. Incluso el elefante tiene problemas para resistir las inundaciones. Sólo los viejos árboles pueden resistir, y la casa principal de nuestra granja. Los seres humanos, junto con muchos animales, nos hemos refugiado en una colina y nos aferramos a los árboles contra la tormenta.

Cada diez años, aproximadamente, el Monzón se convierte en una tormenta de este tipo, pero nunca había experimentado lo que está ocurriendo este año. Estamos acostumbrados a los caprichos del monzón y no nos enfadamos en absoluto con él, pues nos hace vivir y crecer a todos; sin el monzón nuestra tierra sería un páramo sin vegetación, sin animales y sin personas. Así que vivimos reconciliados con el monzón, temiéndolo y admirándolo y formando una comunidad de vida con él.

¿Son estas frenéticas consecuencias de los estallidos de rabia monzónicos, expresiones de exuberante alegría de vivir, o son un castigo para nosotros los humanos? Voy a ver si puedo entrar en conversación con el monzón.

Una vez que el agua ha bajado y regresamos a la casa principal, podemos volver a comer los alimentos que encontramos en los suministros de emergencia. Los suministros de emergencia han sido creados para estas emergencias desde tiempos inmemoriales y siempre se renuevan, y tenemos tanto que también podemos compartirlo con nuestros vecinos.

Durante la fase de las inundaciones más fuertes, cuando estábamos atascados en la colina, la conducta de la gente era discernible, y confieso que fui un observador atento. Algunos se preocupaban sólo por el bien común, otros pensaban primero en sí mismos. En general, sin embargo, el evento fortaleció nuestra comunidad, en parte al aceptar las fortalezas y debilidades de cada uno.

A veces me pregunto si es una ventaja observarse tan atentamente. Lo que es preguntarse siempre: ¿Por qué estoy haciendo esto ahora? ¿Realmente actúo así para ayudar, o lo hago para estar a la altura de mi papel, para no destacar desagradablemente y parecer bueno después? No es más fácil ser simplemente quién eres: ¿egoísta o altruista, modesto o importante, optimista o pesimista, agresivo o defensivo? – Por supuesto, utilizo todos mis poderes, colaboro siempre que puedo y no espero ningún privilegio principesco.

*****

El mahout está con su elefante y le habla bien para calmarlo. El elefante protege al mismo tiempo al mahout; ambos son un solo ser. El mahout y mi hermana menor cuidan conmovedoramente al pequeño Baloo, y, junto con el elefante, forman una familia de cuatro, y no permanece mucho tiempo en secreto que algo se está gestando allí.

Muchos de nuestros animales han perecido, como vacas, ovejas y cabras, pero nuestros caballos han sobrevivido a todo. Los hemos desatado, saltaron de los potreros y escaparon a tierra firme. Como he dicho, nuestros caballos son los mejores, los más duros, los más rápidos, los más inteligentes y los más leales. Al final, todos vuelven a nosotros.

Durante la inundación Deyla y Ganesh se encontraban en la ciudad que está construida en la ladera de una colina; las casas son de construcción robusta y desafían el viento y el clima, el agua puede drenar fácilmente por las calles hasta el río. El río se hinchó y se convirtió en un monstruo que infunde miedo como nunca se había visto, arrasando con todo a su paso: Casas y puentes, árboles y barcos, burros y carros.

Se necesitará un año para que todo vuelva a ser aproximativamente lo que era antes, para que podamos volver a llevar una vida algo normal y para que la inundación y sus consecuencias dejen de ser el único tema de conversación. Lo más importante es volver a poner en marcha la agricultura y los jardines después de toda la devastación. Pero tenemos suficiente tierra fértil.

22. La hija de Deyla

Mientras estamos ocupados reconstruyendo nuestras vidas, Deyla da a luz a una hija en la ciudad. La madre de Deyla es su comadrona y se sorprende y se emociona profundamente cuando, en los primeros minutos después del parto, sostiene y mira a la niña y se da cuenta de que la niña es exactamente igual que Deyla en su nacimiento.

Esta impresión se debilita un poco en las horas y días siguientes, pero la madre de Deyla sigue viendo a su propia hija en la niña.

*****

Deyla muere en el parto y el dolor nos atenaza a todos con confusión e incomprensión. Lo que queda es un vacío en nuestras mentes y en nuestra comunidad.

La madre de Deyla se preocupa ahora por el niño y no lo pierde de vista. Lo mima, lo cuida y lo protege como si fuera su propia hija. Está feliz de tener por fin a su Deyla de vuelta con ella, después de todo, la Deyla adulta había cambiado mucho su naturaleza.

Mientras tanto, Ganesh se ha vuelto superfluo en la familia de Deyla y su hija y se siente como una quinta rueda del carro allí. Por lo tanto, regresa a nuestra granja y reanuda su actividad gubernamental en la medida en que es posible en la época de la reconstrucción. Sin embargo, poco a poco el trabajo en la corte principesca, que es el corazón de nuestro gran país, vuelve a la normalidad.

Para mí la muerte de Deyla está conectada con fuertes sentimientos, porque habíamos vivido y trabajado juntos durante mucho tiempo, me había acompañado en mis viajes con el tambor y hacía tiempo que formaba parte de nuestra familia junto con Ganesh.

Pero lo que más me consterna es que ahora en Deyla ya no puedo reunirme con mi querida Dajeela. Simplemente ha desaparecido. Me sume en la más profunda tristeza. Dajeela ha muerto por segunda vez.

*****

La hija de Deyla crece bajo el cuidado de la madre de Deyla y, en cuanto puede, toca todo lo que alguna vez perteneció a Deyla, como ropa, bufandas y joyas. Y cuando empieza a hablar, tocándolo primero dice »ela«, un poco más tarde »eyla«, y aún un poco más tarde »Deyla« .

Sólo reconoce las cosas que Deyla ya poseía antes de su transformación. Se nota que deja sin cuidado las cosas que Deyla sólo había adquirido después de su conversión. Así que la familia, y especialmente la madre, está completamente convencida de que la niña es la renacida Deyla. La madre la viste como antes vestía a su hija Deyla cuando era niña, y los alimentos y juguetes favoritos de la niña son los mismos que antes tenía su madre Deyla.

El reconocimiento de la niña como la reencarnación de la difunta Deyla cuenta con la aprobación de la familia y del vecindario, ya que el conocimiento de la reencarnación está muy extendido. Sin embargo, lo especial del caso es que la niña es la reencarnación de su propia madre.

23. Mi hermana mayor vuelve del Norte

Nuestra madre ha fallecido. Nosotros la hemos acompañado a través de su enfermedad durante mucho tiempo, y mi hermana menor y yo nos sentamos en su lecho de muerte. Con su muerte, una era ha llegado a su fin.

Mi hermana mayor llega corriendo desde el norte al servicio fúnebre, con botas y ropa de guerra, y es toda la mujer que ya habíamos conocido antes como luchadora. Cuando ve cómo están las cosas aquí, lo primero que hace es quitarle el poder a Ganesh, que se ha convertido en un dictador y ahora es impopular en todas partes. Sólo asigna a Ganesh tareas específicas y limitadas, comprueba los resultados y toma ella misma las riendas. De pronto mi hermana quiere quedarse aquí de forma permanente, para que nuestra corte vuelva a ser el centro propio del país y de los asuntos del gobierno.

No pasa mucho tiempo antes de que la granja deje de parecer una simple granja y se convierta en un campamento militar. Unos jóvenes son entrenados en el oficio de la guerra, y mi hermana se las arregla para mantenerlos felices a pesar de la estricta disciplina. Deben saber manejar las armas, dominar las artes marciales y soportar terribles dificultades.

Los caballos están entrenados para la batalla y para los paseos rápidos y largos. Parece que nosotros seguimos todavía en guerra; al menos estamos bien preparados para ella. Este sentimiento se está extendiendo por todo el sur de nuestro país; supongo que en el norte de todos modos ya es así, ya que mi hermana ciertamente no era diferente allí de lo que es con nosotros ahora. En el norte ha designado diputados para varias partes del país que deben informarle regularmente y reciben órdenes periódicas directamente de ella.

24. El príncipe representa en el norte

Mi hermana ha recibido un mensaje del norte que comunica el deseo la gente de allí de poder ver, por fin, al príncipe del país. Todo está ya preparado y no puedo evitarlo. Así que me pongo en marcha. Mi hermana ha dado instrucciones a sus gobernantes de cómo debo ser recibido y cómo debe desarrollarse todo.

Al llegar al norte, me reciben con todos los honores e inmediatamente me visten con ropas nuevas de lujo. Excusan mi aspecto ordinario debido al largo viaje. Después de tres noches de descanso y aclimatación, se celebra una gran fiesta a la que acude gente de todo el norte.

Se ha construido una carroza, tirada por cuatro caballos, y tomo asiento en ella con dignidad. Se ha construido un camino especialmente para mi paso, que es particularmente plano y suave, y al borde del cual la gente se reúne y me aclama. Les saludo amablemente. Una experiencia que tampoco había tenido antes. Disfruto de este espectáculo todo lo que puedo. Por la tarde todo se convierte en una gran fiesta con bailes y cantos, con todo tipo de comida y probablemente demasiado vino.

Al día siguiente recibo a los representantes del Norte, que mi hermana había designado, con porte principesco, les hago informarme y les doy mis instrucciones, que son algo generales, pero que recito con gran seriedad y énfasis. Están visiblemente impresionados y prometen llevarlos a cabo.

Al día siguiente me piden que interprete la escritura "Ganar sin luchar". La escritura posee una gran popularidad en el Norte en recuerdo de la guerra y su victorioso final. El escrito ha sido copiado muchas veces, teniendo mi hermana el estricto cuidado de que siempre fuera mantenido al pie de la letra y con una hermosa caligrafía, y se me presenta una copia con la petición de que sea examinada.

Efectivamente, lo ha conseguido con muy pocas imprecisiones. Con las traducciones a otros idiomas, que también existen – sólo una poca gente domina el sánscrito – no podemos, por supuesto, comprobar con tanta precisión si todo es exactamente correcto. Por lo tanto, la copia original de mi padre se considera sagrada, inviolable y el punto de referencia para todas las copias. Ya está algo desgastada y se guarda en el mausoleo como una reliquia. El cuento de hadas surge que mi padre fue herido en la batalla y murió a consecuencia de ello, como ocurre con la construcción de leyendas.

Al interpretar la escritura, me beneficio del hecho de que ya la había leído antes varias veces y, por lo tanto, la conozco bastante bien. Añadiendo un poco de fantasía sobre la antigua China, el taoísmo y el origen de las artes marciales, se crea una presentación bastante aceptable, que recibe la admiración y el aplauso general. No pierdo la oportunidad de señalar la importancia de la transmisión exacta de los caracteres, mostrarlo también con algunos caracteres seleccionados, y preguntar si alguien puede recitar el texto de memoria, porque la tradición oral sería siempre la mejor. Un joven que evidentemente sabe sánscrito se adelanta y recita de memoria algunas frases, ante el asombro y la admiración de los presentes. –

El rol del príncipe es bastante agradable.

Con un gran saludo me despiden al día siguiente, con mensajes para mi hermana en mi equipaje, y después de unos días de cabalgata rápida vuelvo a mi casa algo más rústica.

25. Baloo

Mi hijo Baloo tiene ahora 12 años. Tuvo que prescindir de su madre Dajeela durante 9 años. Deyla, que fue habitada por el alma de Dajeela en sus últimos 8 años, se había convertido en su madre para él, porque reconoció a Dajeela en Deyla y llamó a este doble ser Leela. Pero Leela también ha fallecido, y es una alegría ver cómo Baloo ha encontrado una nueva familia, formada por él mismo, mi hermana pequeña, el mahout y el elefante.

Baloo ya es lo suficientemente mayor como para entender que es el bisnieto de un gran señor de la guerra, el nieto de un importante estratega y, finalmente, el hijo de Dajeela y mío. Y poco a poco va teniendo claro que algún día será un príncipe, aunque yo no sea un buen modelo para él. Pero me pregunta qué hizo su bisabuelo, y su abuelo, y puedo contárselo durante largas tardes. Es casi como contar cuentos de hadas, pero Baloo empieza a entender que son historias reales, por muy improbables que parezcan.

Y luego está su tía, mi hermana mayor, que ha convertido nuestra granja en un campo de guerra, y en relación con los relatos de su bisabuelo y su abuelo, y de las dos guerras, trato de explicarle de qué se trata, y qué impulsa a mi hermana mayor. Y Baloo ya participa con diligencia en los ejercicios, en la medida de su edad y la caudilla si se lo permiten, y se interesa por todo el equipo, las armas, los caballos, ya es un buen jinete incluso sin montura, en resumen: Quiere convertirse en un guerrero, y si es posible, incluso en un líder.

A los 12 años, ya ayuda enérgicamente en el entrenamiento de los jóvenes guerreros, enseñándoles a utilizar las armas, a cuidar las botas y a preparar la mochila. Cuando los jóvenes reclutas, de unos 18 años, acuden a nosotros, se sorprenden al principio, pero pronto aceptan a Baloo como entrenador cuando ven que realmente tiene buenos conocimientos. Cuando se trata de clases de equitación, Baloo se impacienta bastante cuando los recién llegados actúan de una forma tan estúpida apenas se suben al caballo y a menudo se caen rápidamente.

Baloo, mi hijo, parece ser todo lo contrario a mí.

*****

Un día Baloo me pregunta: » Papá, ¿por qué no eres como mi bisabuelo y como mi abuelo, por qué no eres como los reyes de los cuentos? «

Los osos no responden a las preguntas de »¿Por qué? «

» Admiro mucho a mi abuelo y a mi padre, sé que han hecho grandes cosas por nuestro país, pero yo mismo estoy cortado de otra manera. Mis intereses y talentos residen más en la literatura, las antiguas escrituras sagradas y las enseñanzas de la filosofía. A menudo me ves sentado en la pequeña biblioteca de mi padre y hojeando sus libros. Mi sánscrito ha mejorado tanto que puedo leerlo bien, pues las antiguas y venerables escrituras están escritas en sánscrito. Me gusta especialmente la escritura Devanagari, en la que se escribe el sánscrito, y me da mucho placer escribirla yo mismo. También me encanta cuando los rituales antiguos van acompañados de textos en sánscrito: ¡Ese maravilloso sonido melodioso de la lengua más antigua! «

» Papá, ¿por qué no tienes una esposa? «

» ¡Baloo, mi querido hijo! Tu madre Dajeela y yo nos queríamos mucho, y ella murió por la mordedura de una serpiente. « (Ahora sí que no me lo creo).

» Todos estábamos muy tristes y yo especialmente. Me rompió el corazón. Dajeela era una mujer muy especial para mí, no una mujer cualquiera, y creo que estamos unidos kármicamente. Y ella es tu madre. «

(Supongo que Baloo no entiende la palabra 'kármico').

» ¿Le prometiste que no amarías a otra mujer? «

El trueno me conmueve. No respondo.

» Papá, ¿qué es la reencarnación? «

» Hemos hablado de ello muchas veces. Cuando una persona muere, su alma entra en el cielo, se reúne allí con sus amigos fallecidos y con sus maestros espirituales. Hablan de todo lo que la persona hizo en su vida pasada y de lo que aprendió de ella. En esto no hay bien ni mal; sólo hay mucho o poco aprendido. Las cosas que no aprendió en la vida pasada, resuelve aprenderlas en la siguiente. Después

97

de algunos años, el alma renace en una nueva persona, es decir, el alma tiene entonces una nueva casa en la que puede vivir y aprender aquí en la tierra. «

» Papá, ¿cuándo va a haber otra guerra? «

» La guerra es algo terrible; se destruyen muchas casas, se hiere a mucha gente y muchos mueren. Todos esperamos que no haya más guerra. «

» Pero ¿por qué todos nos preparamos para la guerra como si fuera a haberla de nuevo pronto, y como si la deseáramos? «

» Nuestra tierra ha sido atacada dos veces por terribles hordas del norte, y ambas veces pudimos repeler a los atacantes; una vez bajo el liderazgo de tu abuelo y otra bajo el de tu padre. No podemos saber si habrá otro ataque o cuándo, porque esta gente es completamente desconocida para nosotros y no sabemos nada de ella. Pero queremos estar preparados, y tu tía, mi hermana mayor, es una guía maravillosa incluso mientras nos preparamos. «

» Papá, ¿va a renacer pronto mi mamá? «

» Podemos adivinar. Los tiempos entre las vidas terrenales varían, pero por experiencia general pueden ser de dos a cuatro años. «

» Papá, la quiero de vuelta. Cuando vuelva, ¿podrás casarte con ella de nuevo? «

» Hijo mío, lo que va a ocurrir está en el consejo de los dioses. - Che sarà, sarà. - Sólo podemos intentar vivir una vida sencilla y consciente con dignidad. « –

Mi hermana menor se queda embarazada, y ella y el Mahout consiguen una hija, una niña, y la llaman Dajeela. La niña es acogida calurosamente en la familia de mi hermana menor, del Mahout, de Baloo y del elefante, y también en la corte. Todo el mundo la saluda con cariño, el elefante examina con su trompa a la nueva ciudadana de la tierra y mi hermana pequeña se alegra de haber encontrado ahora realmente a su familia y a su tarea.

Baloo está completamente loco, coge a la pequeña, la abraza y la besa y la acuna en sus brazos y no quiere devolverla. La cuida, la viste, la seca, le canta, pero no puede amamantarla.

El tiempo avanza, y estoy seguro: Baloo, mi hijo, se casará con esta chica Dajeela cuando ella tenga 16 años, y él me sucederá.

Y con eso, los círculos se cerrarán.

26. Despedida

La inundación también ha arrancado mi planta de Jiaogulan, por lo que en nuestro mundo humano sólo tengo mi grano de oro tangible. Sin embargo, en la meditación puedo entrar en contacto con mi oso y con mi Jiaogulan y aprendo que es hora de reorganizar mi vida. Esto coincide totalmente con mis propios sentimientos, ensillo mi caballo, el cual ya sabía de antemano que nos iríamos pronto, y me voy, con un poco de dinero en el bolsillo.

Nuestra primera parada es el filósofo, que se despide de mí como un padre, diciendo: »Te entiendo, hijo mío, sé feliz y protégete bien. «

Luego visito a la familia china, que me recibe con gran alegría y muchas palabras, pero aún más audibles son los tambores que yo había regalado a los niños. Pero ya después de una noche es hora de decir adiós, porque me espera otro destino. Dejo a los padres y a los niños descontentos.

A continuación, visito a la familia de pescadores donde había aprendido el oficio de pescador y vuelvo para encontrar a mi Dajeela de nuevo, pero los padres no me reconocen y la hija entretanto se ha casado y no se parece en nada a Dajeela. El pequeño Baloo tampoco está aquí. A mi caballo tampoco le gusta este lugar y decepcionado seguimos cabalgando.

Nuestra siguiente parada es el mausoleo. Me visto de la forma más irreconocible posible, muestro mi admiración y gratitud a mi padre, y miro una vez más el libro que tanto ha hecho y nos ha ayudado en nuestros momentos de necesidad.

Finalmente, giramos hacia el oeste y, tras 4 días de viaje, llegamos al mar. Nunca había visto el mar y me entra una especie de arrebato cuando lo veo por primera vez. Un sentimiento de gratitud fluye a través de mí, de haber llegado, de ser uno con todo. Me arrodillo en la arena y rezo a todos los dioses, lloro y soy feliz.

Entonces me siento, miro el mar, las olas, y así experimento la intemporalidad en el momento.

Ahora todos los días me siento junto al mar con sus movimientos siempre iguales y siempre diferentes, con los colores brillantes a la luz del sol, con las nubes encima y a menudo el cielo azul, con la infinidad en el instante.

*****

Un día estoy sentado de nuevo junto al mar y un hombre con una túnica de monje se me acerca y me pregunta en tono rudo:

» ¿Qué estás haciendo aquí? «   » Estoy mirando el mar. «

» ¿No tienes nada mejor que hacer? Te ves joven y saludable. ¿Sabes leer y escribir? «   »Sí. «

» Entonces ven conmigo, tengo trabajo para ti. Puedes llevarte tu caballo, siempre nos vienen bien los caballos. «

El monje me lleva a un monasterio, y allí en la biblioteca me presenta a un señor mayor y me dice:

» Este es nuestro amanuense; es mayor. Copiamos aquí las antiguas escrituras sagradas y los mapas. Te enseñará a escribir sánscrito en una hermosa letra. Es una tarea responsable, y espero que no nos falles. «

*****

Ahora soy un amanuense en un monasterio lejano.

¿Cómo pudo saber el monje que no era inexperto en la letra del sánscrito?

La magia está presente en todas las partes de este mundo.

*****

101

Como aquí las seducciones femeninas se mantienen dentro de los límites, como no ocurre nada más digno de mención, y como tengo suficiente tiempo, ahora estoy escribiendo los recuerdos de mi vida hasta hoy.

Después de algunas semanas, he llegado a ESTE punto exacto aquí y ahora estoy concluyendo mi informe.

Sellaré todo en una botella depositaré dentro mi informe y echaré la botella al mar esperando una buena corriente. Quizás alguien lo encuentre algún día, ... quizás.

Adiós.

———————

———————

Fin del relato: „Satyendra y su gran amor –
Un relato de chamanismo y reencarnación"

Hoy es miércoles, 8 de septiembre de 2021.

Versión alemana: „Satyendra, ein Erzählung von Liebe,

Reinkarnation und Schamanismus", Verlag BoD, 2021

Traducción al Español con la asistencia encomiable de Mercedes Bernabeu.

Siguen 4 apéndices incluso la Bibliografía.

Apéndice 1 Terminología

En el texto utilizamos algunos términos técnicos, pero somos conscientes de que en el campo de la metafísica/espiritualismo/esoterismo no existe un acuerdo sobre una manera uniforme de hablar.

Mundo espiritual, también el más allá, el mundo de los espíritus y los ángeles, de las almas inmortales de los difuntos, de los consejeros espirituales, de los maestros ascendidos, si todo eso existe. El mundo inmaterial, que no puede ser explorado por los métodos de las ciencias naturales.

Reencarnación = Existencia terrenal de nuevo de un alma inmortal tras la muerte física de un ser humano en un recién nacido, si es que existe tal cosa. Para más detalles, véase el Apéndice 2: „La reencarnación, ¿existe? "

Chamán = Practicante del chamanismo entre los pueblos primitivos tradicionales, especialmente en su papel de curandero. El chamán es un maestro del éxtasis, es decir, puede entrar en un estado de trance en el que se adentra en el mundo espiritual, no material, se encuentra con su animal de poder o se transforma en él para provocar la curación de otras personas con su ayuda.

El chamanismo es una forma de religión, de comprensión del mundo, especialmente del mundo espiritual, que prevalecía en todas las partes de la tierra hace 10.000 años, antes de que existieran las religiones de los dioses. Los maestros y portadores del chamanismo eran los chamanes, véase más arriba. Los últimos vestigios del verdadero chamanismo se están perdiendo justamente hoy en día.

El alma = Parte inmortal del ser humano, que sobrevive a la muerte física del ser humano, si es que existe.

Intercambio de Almas No podemos usar esta palabra en lugar de sustitución (reemplazo) de almas, ya que eso significaría un intercambio mutuo de almas en ambas direcciones.

La transmigración de las almas se utiliza en la literatura en varios sentidos: 1. lo mismo que la reencarnación y el renacimiento; 2. el renacimiento del alma de un ser humano en un animal o viceversa. Desde Pitágoras se discute si eso existe; una sorprendente solución a este enigma se encuentra en la presente narración en la explicación del curandero: »Nosotros, los seres humanos, estamos formados por cuatro partes: la parte humana, la parte animal, la parte vegetal y la parte mineral «; capítulo 14.

Sustitución del alma o reemplazo del alma = paso del alma de una persona fallecida al cuerpo de una persona viva, por lo que el alma allí presente es desplazada. Por lo general, se desconoce dónde se queda el alma desplazada. La narración „Satyendra, un relato de amor, reencarnación y chamanismo" da una respuesta concebible a esto. 11 casos bien documentados de sustitución de almas se encuentran en Psi Encyclopedia: Replacement Reincarnation, véase apéndice 3. Los casos más bien conocidos son los de Sobha Ram/Jasbir, de Shiva/Sumitra, y de Marja Liisa.

'Walk-in' se utiliza en la literatura con diferentes significados: 1. igual que el reemplazo del alma; 2. similar al reemplazo del alma, pero el reemplazo del alma existente de un ser humano vivo con el alma de un ser que previamente vivió en el sol o en un planeta (no suena muy creíble).

Renacimiento = Reencarnación.

Apéndice 2: La reencarnación, ¿existe?

Muchas personas no saben que la reencarnación existe realmente y que se ha demostrado con gran fiabilidad. En 1960, en la India, IAN STEVENSON comenzó a estudiar sistemáticamente los recuerdos de los niños de una vida anterior según procedimientos estrictamente científicos. Encontró ejemplos en los que los recuerdos de los niños podían ser verificados. Es decir, se podría localizar a la familia de la persona fallecida recordada y confirmar las características de esa persona, los acontecimientos y las circunstancias vitales descritas por el niño. Por ejemplo, el niño había declarado correctamente que había estado casado, tenía dos hijos, había sido conductor y había muerto en un accidente de coche. Además, el niño había dado correctamente los nombres de todos los miembros de la familia. En una cita local, el niño identificó correctamente a todas las personas, así como las calles, los cambios en la casa, etc.

Es muy importante la constatación de los investigadores de que el niño no pudo recibir toda esta información de forma natural. Podría haber sido a través, por ejemplo, de: los relatos de un tío, informes en el periódico o en la radio, una visita a esa familia que no se había dado a conocer. Había que excluir con certeza todas esas posibilidades.

Los niños empiezan a hablar de sus vidas pasadas desde que pueden hablar, es decir, alrededor de los dos años. A la edad de 4 a 7 años, los recuerdos suelen perderse por completo; sin embargo, los gustos, las aversiones y los miedos pueden permanecer más tiempo.

STEVENSON encontró varios buenos ejemplos y los documentó con mucho cuidado. Anotó 20 de sus mejores casos en su libro: „Twenty Cases Suggestive of Reincarnation" 1974/1995, University of Virginia Press. Una buena introducción a la obra de Stevenson puede encontrarse en: „Veinte casos que hacen pensar en la reencarnación" https://herbole.com/veinte-casos-que-hacen-pensar-en-la-reencarnacion/. Véase también: „Evidencias científicas de la reencarnación" https://herbole.com/evidencias-cientificas-de-la-reencarnacion-ian-stevenson/

STEVENSON se ocupó principalmente de demostrar que la reencarnación existe realmente. Carol Bowman, por su parte, quería saber si esos recuerdos de vidas pasadas también se dan en nuestro ámbito cultural, y sorprendentemente encontró lo que buscaba, véase Bowman, Carol en apéndice 3.

Los recuerdos de vidas pasadas de los adultos rara vez pueden confirmarse (verificarse), pero hay 11 casos en

Psi Encyclopedia „Adult Past-Life Memories Research". Una posibilidad es que muchos supuestos recuerdos sean producciones oníricas de problemas de la vida actual. Esto explicaría el hecho de que en diferentes vidas 'recordadas' uno se encuentra repetidamente con las mismas personas que conoce en la vida presente. Es muy extraño que muchas personas crean recordar una vida anterior en el antiguo Egipto.

Reemplazo del alma véase Apéndice 1

Apéndice 3. Bibliografía introductoria sobre la investigación moderna de la reencarnación

BOWMAN, Carol [2001]: „Return from Heaven – Beloved Relatives Reincarnated within Your Family". HarperCollins.

BOWMAN, Carol: „Dr. IAN STEVENSON, Radical Scientist" in https://www.carolbowman.com/dr-ian-stevenson/

Hassler, D, ~~„Überlebenforschung"~~: „Überlebensforschung",www.reinkarnation.de

HORNUNG, Joachim Felix: „Leben wir nur einmal? Moderne Reinkarnations-Forschung", Thema A [¿Sólo se vive una vez? Investigación moderna sobre la reencarnación"], Editorial BoD Norderstedt, preparándose

Matlock, James: (2017/2021). "Replacement Reincarnation". *Psi Encyclopedia*. London: The Society for Psychical Research, en su buscador.

Psi Encyclopedia: "Adult Past-Life Memories Research", "Replacement Reincarnation" &

"Xenoglossy in Reincarnation Cases", todo abrir en su buscador.

STEVENSON, Ian [1974]: „Twenty Cases Suggestive of Reincarnation", University Press of Virginia, 2nd Edition [1974 / 1995].
„Veinte casos que hacen pensar en la reencarnación"
https://herbole.com/veinte-casos-que-hacen-pensar-en-la-reencarnacion/
„Evidencias científicas de la reencarnación"
https://herbole.com/evidencias-cientificas-de-la-reencarnacion-ian-stevenson/

WHITTON, Joel & FISHER, Joe [1986/1995]: „Life between Life". Warner Books

ZANDER, Helmut: „Geschichte der Seelenwanderung in Europa". [„Historia de la transmigración de las almas en Europa"], Primus 1999

Apéndice 4. Bibliografía introductoria del chamanismo

(Explicación de 'chamán' y 'chamanismo' en el Apéndice 1.)

Eliade, Mircea [1951]: „El chamanismo y las técnicas arcaicas del éxtasis", Editorial Fondo de Cultura Económica1ª Edición: 1ª ed. en francés, 1951, 1ª ed. en español, 1960, N.º de páginas: 485, ISBN: 96-81610-58-X.
véase Wikipedia: Mircea Eliade

Harner, Michael: „El chamanismo y la curación"
http://www.chamanismo.eus/michael-harner-chamanismo-curacion/

Secunda, Brant, Dance of the Deer Foundation, Archive for Don José Matsuwa: "Honoring the memory of Don José Matsuwa" and "Journey to the Heart", https://www.shamanism.com/journal-tags/don-jose-matsuwa

„Dance of the Dear Foundation" https://www.shamanism.com/about-us

Tom Cowan: „Don Jose Matsuwa's Triple Challenge", https://shamanicpractice.org/article/don-jose-matsuwas-triple-challenge/

Witzel, Michael E. J. [2013]: „Shamanism in northern and southern Eurasia: Their distinctive methods of change of consciousness. Social Science Information 50(1): 39-61. doi:10.1177/0539018410391044, http://nrs.harvard.edu/urn-3:HUL.InstRepos:8456537